VERBAND DEUTSCHER SPORTTAUCHER E.V.

Aufbaukurs Nachttauchen
Spezialkurs Trockentauchen
Spezialkurs Strömungstauchen

GERMAN DIVER LICENCE

GDL Night Diver
GDL Dry Suit Diver
GDL Seawater Drift Diver

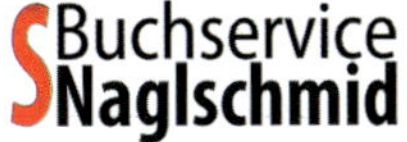

Alle in diesem Buch enthaltenen Angaben und Daten wurden von den Autoren nach bestem Wissen erstellt und von ihnen sowie vom Verlag mit der gebotenen Sorgfalt überprüft. Gleichwohl können wir keinerlei Gewähr oder Haftung für die Richtigkeit, Vollständigkeit und Aktualität der bereitgestellten Informationen übernehmen. Verlag und Autoren empfehlen dringend, nur innerhalb der durch Ausbildung, eigene Erfahrung und Tagesform gesetzten Grenzen diesen Übungen nachzugehen. Verlag und Autoren übernehmen keine Haftung für Unfälle oder Todesfälle, die aufgrund von Informationen aus diesem Buch entstanden sind oder sein könnten.

Bibliografische Information der Deutschen Nationalbibliothek
Die Deutsche Nationalbibliothek verzeichnet diese Publikation
in der Deutschen Nationalbibliografie; detaillierte bibliografische
Daten sind im Internet über http://dnb.dnb.de abrufbar.

1. Auflage 2024
ISBN 978-3-89594-910-4
(ISBN PDF) 978-3-89594-911-1

Autor: Peter Bredebusch für den Verband Deutscher Sporttaucher e.V. unter Mitwirkung von Dr. Markus Eßer und Prof. Dr. Philipp Fischer
Lektorat: Dr. Friedrich Naglschmid
Fotos: Bredebusch, Peter 26, 28 u., 47, 51, 70, 72, 73, 75, 76, 77, 78; Dr. Eßer, Markus 17, 19, 28, 31, 39, 40, 41; Jung, Oliver 11, 14, 36; Falco, David 59, 60; Konken, Theo 111, 115, 124; alle anderen Abbildungen vom VDST und VDST Foliensatz
Grafiken: Bredebusch, Peter 22, 29, 33, 48, 52, 102, 103, 105, 107, 108, 109, 119, 120, 135, 136, 139, 142, 144; Bredebusch, Alina 116; alle anderen Grafiken vom VDST und VDST Foliensatz
Titelbild: Dr. Markus Eßer
Layout und Satz: ILVA-Design
Druckerei: Silber Druck oHG, Otto Hahn-Str. 25, 34253 Lohfelden
Gedruckt auf umweltfreundlichem und chlorfrei gebleichtem Papier.

Verlag Stephanie Naglschmid
Senefelderstr. 10
70178 Stuttgart
Webseite: https://naglschmid.de
Email: info@naglschmid.de

Inhalt

Inhalt 3
Vorwort 6
Einleitung 8
VDST Verband Deutscher Sporttaucher e.V. 10

Aufbaukurs Nachttauchen 11

1. Rahmenbedingungen 12
   1.1 Voraussetzungen 12
   1.2 Organisatorischer Rahmen 13
   1.3 Ausbildungsziel 14
2. Warum sind besondere Kenntnisse für das Nachttauchen erforderlich? 15
3. Grundlagen des Nachttauchens 17
   3.1 Warum tauchen wir nachts? 17
   3.2 Auswahl und Bewertung von Tauchplätzen 19
   3.4 Tauchgangsvorbesprechung 22
   3.5 Nachttauchausrüstung und Lampentechnik 24
4. Nachttauchen in der Tauchpraxis 30
   4.1 Veränderte Bedingungen beim Nachttauchen 30
   4.2 Hilfsmittel für die Unterwasser-Orientierung 32
   4.3 Nachttauchgänge vom Boot aus 33
   4.4 Sicherheitsvorkehrungen beim Nachttauchen 34
   4.5 Notfallplanung 36
   4.6 Gewässerschutz und biologische Besonderheiten bei Nachttauchgängen . . . 37
5. Praxisübungen 42
   5.1 Tauchgänge 42
6. Ziel erreicht? 44
   6.1 Selbstcheck 45
   6.2 Lösungen 51
   6.3 Abschluss und Beurkundung 53

Spezialkurs Trockentauchen 54

1. Rahmenbedingungen 55
   1.1 Voraussetzungen 55
   1.2 Organisatorischer Rahmen. 55
   1.3 Ausbildungsziel. 56
2. Warum ist eine spezielle Ausbildung im Trockentauchen wichtig? 57
3. Grundlagen des Trockentauchens 59
   3.1 Entwicklung des Trockentauchens 59
   3.2 Wärmedämmeigenschaften und Wärmehaushalt 60
   3.3 Konstruktion und Aufbau der verschiedenen Anzugtypen . . . 65
   3.4 Funktionsweise und Leistungsmerkmale der verschiedenen Bauteile 70
4. Trockentauchen in der Tauchpraxis 74
   4.1 Bedienung und Handhabung von Trockentauchanzügen. 74
   4.2 Wartung und Pflege 81
   4.3 Optional: Heizungen. 82
5. Praxisübungen 83
   5.1 Tauchgänge 83
6. Ziel erreicht? 87
   6.1 Selbstcheck. 88
   6.2 Lösungen 93
   6.3 Abschluss und Beurkundung 95

Spezialkurs Strömungstauchen 96

1. Rahmenbedingungen 97
   1.1 Voraussetzungen 97
   1.2 Organisatorischer Rahmen. 97
   1.3 Ausbildungsziel. 98
2. Warum ist eine spezielle Ausbildung im Strömungstauchen wichtig? 99
3. Grundlagen zum Strömungstauchen 100
   3.1 Entstehung und Arten von Strömungen 100
   3.2 Gezeiten- und Windeinflüsse, Gezeitentabellen 104
   3.3 Erkennen und Beurteilen von Strömungen 106

4. Strömungstauchen in der Tauchpraxis 109
4.1 Planung von Strömungstauchgängen. 109
4.2 Sicherheitsvorkehrungen 111
4.3 Spezielle Inhalte der Vorbesprechung 112
4.4 Orientierung und Richtung von Tauchgängen bei Strömung. . 113
4.5 Tauchverhalten bei Strömung 116
4.6 Maßnahmen in besonderen Situationen 121
4.7 Strömungstauchgänge von Land 125
4.8 Drift-Tauchgänge 127
5. Praxisübungen 128
5.1 Tauchgänge. 128
6. Ziel erreicht? 132
6.1 Selbstcheck. 133
6.2 Lösungen 141
6.3 Abschluss und Beurkundung 145

Auszug aus der VDST-Spezialkurs-Ordnung. 146
Nützliche Links. 153
Literaturverzeichnis. 154
Register 155

Vorwort

Mit dem Deutschen Tauchsportabzeichen***/GDL*** Dive Leader ist die Ausbildung zum erfahrenen Sporttaucher im Wesentlichen abgeschlossen. Mit dieser Qualifikation erwirbst du Kenntnisse und Fähigkeiten, um Tauchgänge unter erschwerten Bedingungen im Freiwasser zu organisieren und durchzuführen oder Tauchgruppen mit DTSA*/GDL* und DTSA**/GDL**-Tauchern zu führen. Die Grundlagen dazu hast du bereits durch deine Ausbildung zum Deutschen Tauchsportabzeichen* (DTSA*/GDL* Sports Diver) und zum Deutschen Tauchsportabzeichen** (DTSA**/GDL** Advanced Sports Diver) gelegt. In diesen Ausbildungsgängen wurden nicht alle Kenntnisse und Fähigkeiten vermittelt, sondern in verschiedenen Aufbau- und Spezialkursen wurde weiteres Können und Wissen geschult.

Um hierbei mehr Sicherheit und Routine zu erlangen, haben wir in unser Ausbildungssystem weitere themenorientierte Kurse integriert, die eine praxisnahe Vertiefung spezieller Themen ermöglicht. In diesem Buch gehen wir so speziell auf die Themen „Nachttauchen“, „Trockentauchen“ und „Strömungstauchen“ ein, deren Absolvierung wir vor dem DTSA ***/GDL*** Dive Leader empfehlen. Dabei folgen wir inhaltlich der Gliederung der jeweiligen Aufbau- und Spezialkurse.

Dieses Buch hilft dir, deine Kenntnisse zu vertiefen und zu überprüfen, gleichzeitig steht dir hiermit ein solides Kompendium zur Verfügung. Damit du selbst feststellen kannst, ob du den Lehrstoff verstanden hast, befinden sich am Ende des Buches Fragen zur Lernerfolgskontrolle. Diese können von dir selbst oder von deinem Ausbilder genutzt werden, um einen Eindruck von der Zielerreichung zu erhalten. Natürlich werden zu allen Lernerfolgskontrollen auch Musterantworten gegeben.

Obgleich in dieses Buch viele Jahre Erfahrung Tauchausbildung eingeflossen sind, kann es den Besuch eines Aufbau- oder Spezialkurses bei einem guten Ausbilder nicht ersetzen. Es soll aber den Kurs begleiten und die dort vermittelten Grundlagen festigen. Die notwendige Erfahrung im Tauchen bei Nacht, im Trockentauchanzug oder bei Strömung im Meer erlangst du erst durch anschließende regelmäßige Tauchgänge mit Anwendung der erlernten Fertigkeiten. Mit fortschreitender Routine wirst du stetig mehr Sicherheit erlangen und mit Freude auch schwierige Tauchgänge genießen können. Dabei wünschen wir dir viel Erfolg!

Hagen Engelmann
VDST Fachbereichsleiter Ausbildung

Einleitung

Im Verband Deutscher Sporttaucher e.V. (VDST) haben wir als Ausbildungsstufen für Taucher die drei Stufen DTSA*, DTSA** und DTSA*** bzw. GDL*, GDL** und GDL*** als internationale Bezeichnungen, die gleichzeitig von der Weltorganisation CMAS als CMAS*, CMAS** und CMAS*** anerkannt werden. Diese Ausbildungsstufen unterscheiden sich in der damit erreichten Qualifikation.

Der VDST-CMAS-Taucher* soll an Tauchgängen, die je nach Tauchtiefe von einem erfahrenen VDST-CMAS-Taucher** oder VDST-CMAS-Taucher*** geführt werden, sicher teilnehmen können. Der VDST-CMAS-Taucher** soll Tauchgänge sicher planen und durchführen können, und der VDST-CMAS-Taucher*** soll Tauchgänge unter erschwerten Bedingungen und auch einfache Tauchgänge mit unerfahrenen Tauchern sicher planen und durchführen können. Da diese zusätzlichen Kenntnisse nicht allein bei den zugehörigen fünf Übungstauchgängen vermittelt werden können, kommt der Zeit zwischen den Brevets eine besondere Bedeutung zu. In dieser Zeit sollte durch regelmäßiges Tauchen Erfahrung gesammelt werden, und die zusätzlich für das nachfolgende Brevet erforderlichen Kenntnisse werden aufbauend auf dem bereits absolvierten Brevet mithilfe von Aufbaukursen vermittelt.

Auf dem Weg zum GDL*** Dive Leader/DTSA*** ist dies unter anderem der Aufbaukurs „Nachttauchen" zur sicheren Planung, Vorbereitung und Durchführung von Nachttauchgängen.

Ergänzend werden für das GDL*** Dive Leader/DTSA*** unter anderem die Spezialkurse „Trockentauchen" und „Strömungstauchen" empfohlen, da die hier vermittelten Kenntnisse und Fertigkeiten grundlegend für das Tauchen in kalten Gewässern und im Meer sind.

Die Aufbau- und Spezialkurse „Nachttauchen", „Trockentauchen" und „Strömungstauchen" sind daher grundlegend für jeden Taucher, der nachts, in heimischen Seen oder im Meer tauchen möchte. In diesem Buch werden deren theoretische und praktische Inhalte anschaulich vermittelt.

Im weiteren Verlauf wird aus Gründen der Vereinfachung der Textrezeption auf die zusätzliche Formulierung der femininen und neutralen Form verzichtet. Die ausschließliche Verwendung der maskulinen Form soll explizit als geschlechtsunabhängig verstanden werden.

VDST Ausbildungsstufen

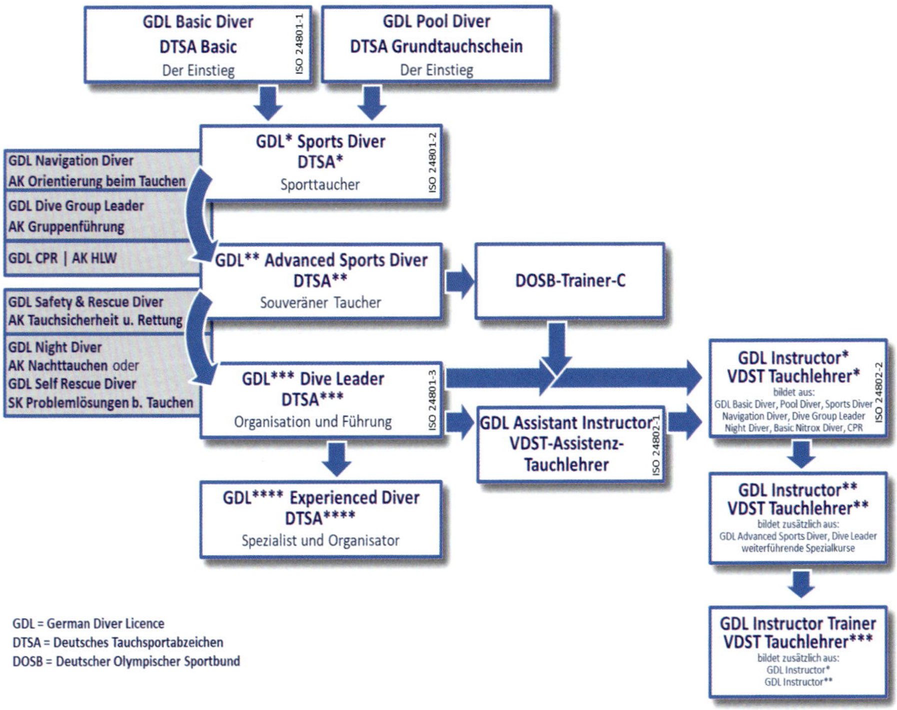

GDL Basic Diver
DTSA Basic
Der Einstieg
ISO 24801-1

GDL Pool Diver
DTSA Grundtauchschein
Der Einstieg

GDL* Sports Diver
DTSA*
Sporttaucher
ISO 24801-2

GDL Navigation Diver
AK Orientierung beim Tauchen

GDL Dive Group Leader
AK Gruppenführung

GDL CPR | AK HLW

GDL** Advanced Sports Diver
DTSA**
Souveräner Taucher

DOSB-Trainer-C

GDL Safety & Rescue Diver
AK Tauchsicherheit u. Rettung

GDL Night Diver
AK Nachttauchen oder
GDL Self Rescue Diver
SK Problemlösungen b. Tauchen

GDL*** Dive Leader
DTSA***
Organisation und Führung
ISO 24801-3

GDL Assistant Instructor
VDST-Assistenz-Tauchlehrer
ISO 24802-1

GDL Instructor*
VDST Tauchlehrer*
bildet aus:
GDL Basic Diver, Pool Diver, Sports Diver
Navigation Diver, Dive Group Leader
Night Diver, Basic Nitrox Diver, CPR
ISO 24802-2

GDL**** Experienced Diver
DTSA****
Spezialist und Organisator

GDL Instructor**
VDST Tauchlehrer**
bildet zusätzlich aus:
GDL Advanced Sports Diver, Dive Leader
weiterführende Spezialkurse

GDL Instructor Trainer
VDST Tauchlehrer***
bildet zusätzlich aus:
GDL Instructor*
GDL Instructor**

GDL = German Diver Licence
DTSA = Deutsches Tauchsportabzeichen
DOSB = Deutscher Olympischer Sportbund

Zur Unterstützung des Unterrichts und zur eigenen Überprüfung hat der VDST auf der VDST-Lernplattform einen eLearning-Kurs zum Aufbaukurs Nachttauchen erstellt, der von jedem VDST-Mitglied kostenlos genutzt werden kann und auf der Struktur und den Inhalten dieses Buches aufbaut.

Der Kurs kann nach erfolgter Registrierung auf der VDST-Lernplattform aufgerufen werden unter:
https://e-learning.vdst.de/course/view.php?id=871

VDST Verband Deutscher Sporttaucher e.V.

Die Unterwasserwelt mit all ihren Schönheiten und Erlebnismöglichkeiten selbst aktiv zu entdecken und kennenzulernen, ist für viele der entscheidende Anreiz, im Tauchen mehr als nur ein Hobby zu sehen. Viele lassen sich von der einzigartigen Schönheit der Korallenriffe faszinieren, andere genießen die Schwerelosigkeit im weiten Blau des Meeres und der Seen und wieder andere treibt der sportliche Eifer unter die Wasseroberfläche. Abenteuer und Mystik sind beim Tauchen natürlich immer dabei. Doch ganz gleich welche Motive zum Sporttauchen führen, am Anfang eines jeden Taucherdaseins steht eine fundierte und professionelle tauchsportliche Ausbildung; nur so sind die größtmögliche Sicherheit und die Freude beim Tauchen garantiert. Mitglieder im VDST sind neben den Sporttauchern auch die Tauchsportvereine und Landestauchsportverbände in ganz Deutschland. Dazu kommen die weltweit angeschlossenen Tauchbasen und Tauchschulen in Deutschland und im Ausland, die ebenfalls nach seinen Standards ausbilden. Mit einer Gesamt-Mitgliederzahl von mehr als 75.000 Mitgliedern ist er der größte Non-profit Tauchsportverband Europas. In seinen rund 1.000 Vereinen bietet der VDST die besten Möglichkeiten, das Sporttauchen zuverlässig, kostengünstig und vor allem sicher zu erlernen und auszuüben - das Trainieren im Hallenbad eingeschlossen.

Jedes Verbandsmitglied profitiert dabei von einem umfangreichen Versicherungspaket mit Tauchunfall-, Haftpflicht- und Rechtschutzversicherung. Eine medizinische Notfall-Hotline ist bei Tauchunfällen aber auch bei allen anderen Erkrankungen oder Unfällen 24 Stunden am Tag für VDST-Mitglieder da. Sogar eine ganz allgemeine Auslandreisekrankenversicherung ist im VDST-Mitgliedsbeitrag bereits inklusive.

Als deutscher Vertreter des Welttauchsportverbandes, der Confédération Mondiale des Activités Subaquatiques (CMAS), bietet der VDST seinen Mitgliedern eine international anerkannte Brevetierung. Das hohe Qualitätsniveau seiner Ausbildung ist durch die „European Underwater Federation“ (EUF) nach europäischen Normen zertifiziert.

Aufbaukurs Nachttauchen

Die Schönheit der Unterwasserwelt kommt gerade nachts erst richtig hervor. Die prächtigen Farben der Riffs und der Korallen erscheinen nachts im Lampenschein noch eindrucksvoller, und aquatische Organismen und insbesondere Fische sind dämmerungs- oder nachtaktiv und kommen erst nachts aus ihren Verstecken hervor.

Nachttauchgänge erfordern jedoch eine gewisse Taucherfahrung, damit nicht nur die Ausrüstung quasi blind beherrscht wird, sondern auch die Orientierung und der Umgang in besonderen Situationen zur Routine geworden ist. Zudem stellt gerade die nächtliche Tauchaktivität mit künstlicher Beleuchtung für die Biologie auch einen potentiellen Stressfaktor dar, den der Besucher des Lebensraums kennen und einschätzen können sollte.

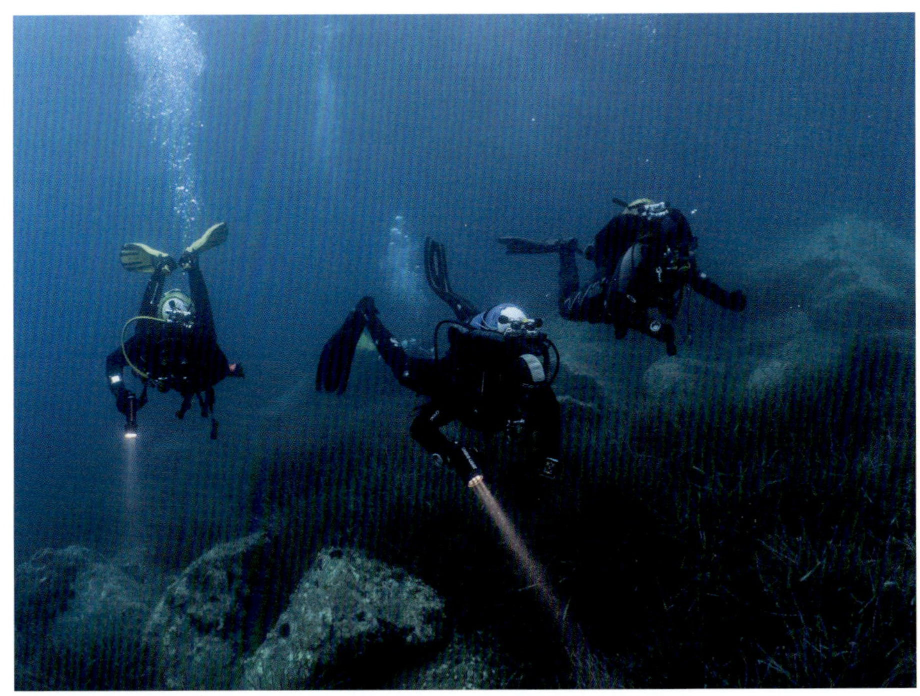

Im VDST-Aufbaukurs Nachttauchen (GDL Night Diver) werden die theoretischen Kenntnisse und praktischen Fertigkeiten zusammen mit Empfehlungen für Verhaltensweisen vermittelt, damit du auch nachts sichere und für die Fauna weniger belastende Tauchgänge unternehmen kannst. Daher ist dieser Aufbaukurs Nachttauchen dem DTSA*** (GDL*** Dive Leader) als Voraussetzung vorgeschaltet, denn als VDST-CMAS-Taucher*** sollst du Gruppen auch unter schwierigen Bedingungen sicher und für die Umwelt möglichst wenig belastend führen können.

1. Rahmenbedingungen

1.1 Voraussetzungen

Um an einem Aufbaukurs Nachttauchen teilnehmen zu können, benötigst du einige Voraussetzungen. Dazu gehört eine gewisse Erfahrung in Form von Tauchgängen, die du bisher tagsüber gemacht hast. Die genauen Bestimmungen zu den Voraussetzungen können durchaus von Zeit zu Zeit verändert werden. Die jeweils aktuellen Voraussetzungen kannst du der VDST-Spezialkurs-Ordnung entnehmen.

Derzeit gelten die folgenden Voraussetzungen:

Mindestalter: 14 Jahre; bei Minderjährigen ist die Einverständniserklärung der Personensorgeberechtigten (in der Regel beider Elternteile) erforderlich.
Ausbildungsstufe: DTSA*; ersatzweise genügt eine vergleichbare Qualifikation entsprechend der VDST-Äquivalenzliste

Anzahl der Pflichttauchgänge: 25

Sonstiges: Gültige Tauchsportärztliche Untersuchung (TSU)

Der Bewerber soll über Kenntnisse in der Unterwasser-Navigation verfügen, am besten durch Teilnahme an dem Aufbaukurs Orientierung beim Tauchen.

Natürlich stellt die Zahl der Pflichttauchgänge nur eine Untergrenze dar. Es hängt von deinen individuellen Kenntnissen und Fertigkeiten ab, nach wie vielen Tauchgängen du dich mit dem Nachttauchen beschäftigen solltest. Jedenfalls solltest du ausreichende taucherische Fertigkeiten besitzen, so dass du beim Tauchen nicht mehr so sehr mit dir selbst beschäftigt bist und dich auch auf die zusätzliche Aufgabe des Tauchens bei Dunkelheit und die faszinierende Natur bei Nacht konzentrieren kannst.

1.2 Organisatorischer Rahmen

Zum Aufbaukurs Nachttauchen gehören zwei Theorieeinheiten und zwei Tauchgänge, wobei die Führung dieser Tauchgänge von jedem Kursteilnehmer durchzuführen ist und somit die Tauchgänge auch mehrfach mit wechselnden Rollen stattfinden.
Dafür werden mindestens zwei Abende benötigt, idealerweise an zwei aufeinander folgenden Tagen zum Beispiel an einem Wochenende in einem heimischen Gewässer oder auch im Rahmen eines längeren Aufenthaltes an einer Tauchbasis am Meer.
Es sollten bereits vor den geplanten Nachttauchgängen an der betreffenden Tauchstelle bei Tag Tauchgänge zur Orientierung durchgeführt worden sein.

Die Anzahl der Teilnehmer sollte möglichst maximal doppelt so hoch sein wie die der Ausbilder, damit ein Verhältnis von einem Ausbilder zu zwei Teilnehmern erreicht wird. Jeder Tauchgang wird nacheinander von jedem Teilnehmer in der Rolle des Gruppenführers durchgeführt.

Für den theoretischen Teil werden zwei Lerneinheiten angesetzt. Für den theoretischen Unterricht sollte möglichst ein geeigneter Unterrichtsraum vorhanden sein, der sich möglichst in der Nähe des Tauchgewässers befindet, falls der Unterricht nicht bereits an einem anderen Tag vorher stattfindet.
Die zwei Tauchgänge können im Binnensee oder im Meer stattfinden. Im Gewässer muss das Nachttauchen erlaubt sein. Bei Durchführung des Kurses im Meer sollte keine Strömung vorhanden sein. Das Tauchgewässer sollte auch möglichst gute Rahmenbedingungen hinsichtlich Sichtweite, Topografie und Wellengang bieten.

Die Tauchgänge sollen vorzugsweise von Land (in strömungsfreiem Wasser bei maximal 15 Meter Tiefe) aus durchgeführt werden, sind aber auch vom Boot aus mit entsprechenden zusätzlichen Maßnahmen möglich.

Falls der Kurs an einem Binnengewässer stattfindet, kann der Kurs nur bei passenden Rahmenbedingungen insbesondere hinsichtlich der Sichtweiten durchgeführt werden. Das Gewässer sollte auch über eine befestigte Zufahrt und einen einfachen umweltschonenden Einstieg verfügen. Im Rahmen des Kurses ist durch die Ausbilder eine Notfallorganisation vorzunehmen, d.h. es wird eine Tauchgangsliste geführt, Rettungsmittel stehen bereit und das Einleiten einer Rettungskette mit Notruf ist geklärt.

1.3 Ausbildungsziel

Du sollst in Theorie und Praxis mit der sicheren Planung, Vorbereitung und Durchführung von Nachttauchgängen vertraut gemacht werden und die Grundlagen

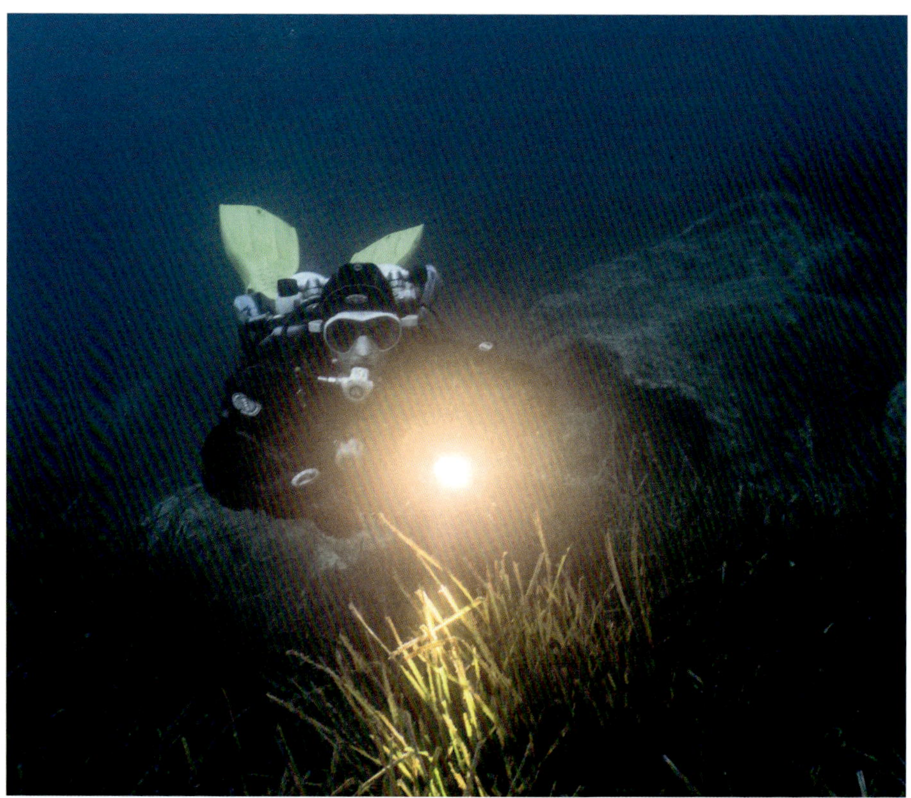

Richtiges Verhalten beim Nachttauchen

der ökologischen Konsequenzen von Nachttauchgängen für die aquatische Fauna kennen. Nach Abschluss des Kurses sollst du als sicherer Mittaucher einer Gruppe

- die besonderen Probleme und Gefahren bei Nachttauchgängen beherrschen können,
- die richtige Ausrüstung für Nachttauchgänge zusammenstellen können,
- Orientierungshilfen bei Nacht nutzen können,
- dich im Hinblick auf den Umgang mit dem Tauchpartner vor, während und nach dem Tauchgang korrekt verhalten können,
- die grundlegende ökologische Bedeutung der Dämmerungs- und Nachtzeit für die im Gewässer vorhandene Fauna kennen.

2. Warum sind besondere Kenntnisse für das Nachttauchen erforderlich?

Du hast als VDST-CMAS-Taucher* oder einer weiterführenden Qualifikation schon die grundlegenden Kenntnisse und Fertigkeiten des Tauchens erlernt. Sicherlich hast du auch schon viele schöne Tauchgänge im See oder im Meer erlebt. Auch die Orientierung beim Tauchen sollte für dich kein Problem sein, idealerweise durch Teilnahme an dem Aufbaukurs Orientierung beim Tauchen.

Hierbei hast du sicherlich festgestellt, welche Bedeutung die Sichtweite, die Helligkeit, die Unterwassertopografie und vor allem markante Punkte unter Wasser für dich darstellen, um dich zu orientieren und zum Ausgangspunkt zurückzufinden. Alle diese Hilfsmittel stehen dir tagsüber mehr oder weniger zur Verfügung, idealerweise auch noch die Sonne als Fixpunkt über dir. Wenn diese Orientierungsmerkmale ausfallen, gibt es andere Möglichkeiten.

Warum sollte man also darauf verzichten, diese Hilfsmittel zu nutzen, indem nicht tagsüber, sondern nachts getaucht wird? Gerade nachts können ganz andere schöne Eindrücke von der Unterwasserwelt erlebt werden, die es tagsüber nicht gibt. Viele Tiere insbesondere im Meer sind dämmerungs- und teilweise auch nachtaktiv und kommen dann erst heraus, wenn wenig oder kein Tageslicht mehr vorhanden ist.

Dann ist die Zeit der Jagd und zu besonderen Jahreszeiten auch der Partnersuche gekommen und die Tiere sind aktiv. Im Licht der Unterwasserlampen kann man dann eine andere Unterwasserwelt erleben und auch die Farben im Meer erstrahlen besonders prächtig. Künstliches Licht stört die nächtliche Gemeinschaft aber auch. Der Taucher sollte dies wissen.

In der Dunkelheit ist für den Taucher die Orientierung aber auch wesentlich schwieriger, die Sichtweite ist auf den Lampenschein begrenzt, und die Bedienung der Ausrüstung sollte quasi blind möglich sein. Die Benutzung von Lampen erfordert eine erweiterte Ausrüstung mit besonderen Kenntnissen zur Handhabung und zur Technik. Auch die Reaktion auf Zwischenfälle unter Wasser ist in der Dunkelheit erschwert.

Daher benötigen wir zum Tauchen bei Nacht spezielle Techniken, Ausrüstung und Kenntnisse, um uns sicher unter Wasser zu bewegen, zu orientieren und auf besondere Situationen zu reagieren. Diese Kenntnisse und Fertigkeiten werden in diesem Aufbaukurs Nachttauchen vermittelt.

Der Kurs kann dabei natürlich nur die Grundlagen setzen. Erst durch viele Nachttauchgänge, Übung und Anwendung der Techniken kommt die Erfahrung dazu, um wie selbstverständlich auch nachts sicher das Tauchen zu erleben.

Da das Nachttauchen eine erschwerte Bedingung beim Tauchen darstellt und das Deutsche Tauchsportabzeichen *** (DTSA*** bzw. GDL*** Dive Leader) die Qualifikation zum sicheren Planen und Durchführen von Tauchgängen unter erschwerten Bedingungen darstellt, gehört der Aufbaukurs Nachttauchen (alternativ der Aufbaukurs Problemlösungen beim Tauchen) zu den notwendigen Voraussetzungen zum Erwerb des DTSA*** bzw. GDL*** Dive Leader.

3. Grundlagen des Nachttauchens

3.1 Warum tauchen wir nachts?

Das Tauchen bei Nacht hat einen besonderen Reiz. Nachts im Lampenschein erscheint die Unterwasserwelt in einem völlig anderen Licht und wirkt dadurch besonders schön. Nachts sind auch Lebewesen aktiv, die wir tagsüber nicht zu sehen bekommen. Die Fische trauen sich aus ihren Verstecken heraus und bieten sich uns in ihrer ganzen Pracht im Lampenschein. Beispielsweise gehen Muränen in der Dämmerung auf die Jagd, während sie tagsüber meist in ihren Höhlen verborgen sind, und Aale in unseren heimischen Seen verlassen nachts ihre Verstecke und sind frei schwimmend sichtbar. Für diese Tiere ist die Nacht aber auch die Zeit der Nahrungssuche und übermäßige Störungen können sich sehr negativ auf den Jagderfolg der Tiere auswirken und daher ein hohes Maß an Stress bewirken.

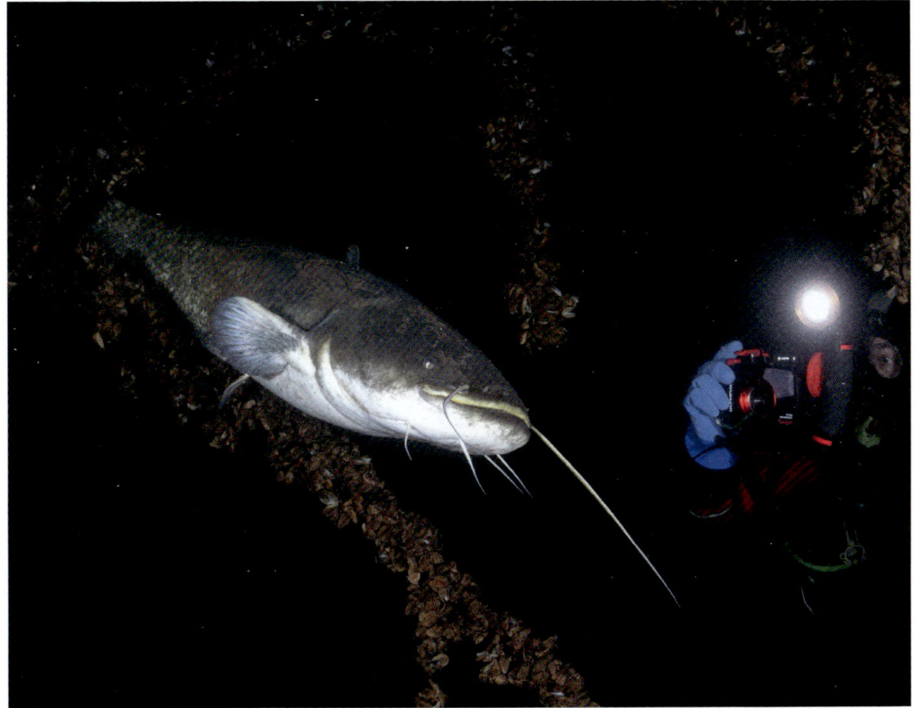

Unterwasserwelt bei Nacht

Auch die Unterwassertopografie, insbesondere Felsen und Steilwände, erscheint nachts besonders eindrucksvoll. Die Farbenpracht von Gorgonien oder Korallen ist nachts im Lampenschein noch intensiver in der Wahrnehmung.
Beim Nachttauchen herrscht auch eine gewisse Stille, da weniger Ablenkung durch andere Taucher über und unter Wasser sowie durch andere visuelle Reize gegeben ist.

In der dunklen Jahreszeit sind Tauchgänge wochentags auch oft nur bei Dunkelheit möglich, da die Sonne früh untergeht und viele Taucher in heimischen Gewässern berufsbedingt erst spät tauchen gehen können.

Allerdings stehen uns nachts nicht alle Sinne voll zur Verfügung wie tagsüber. Das Sehen ist nur begrenzt möglich, nämlich nur im Schein unserer Lampen. Es ist nur das zu erkennen, was sich im Lichtkegel befindet. Das hat natürlich große Auswirkungen auf die Möglichkeiten, nachts zu tauchen. Wenn zusätzlich geringe Sichtweiten zum Beispiel durch Schwebeteilchen herrschen, kann es leichter zu Zwischenfällen kommen. Die eingeschränkte Sicht kann auch dazu führen, dass die optische Referenz verloren geht, unter Umständen kann dadurch auch Schwindel eintreten. Das Tauchen bei Dunkelheit stellt für manche Taucher auch eine erhöhte psychische Belastung dar.

Schon beim Anziehen ist es eine Einschränkung, nicht mehr genau zu erkennen, welche Ausrüstung wo auffindbar ist und wie sie angelegt wird. Bereits hier ist ausreichende Beleuchtung einzuplanen, das Anziehen muss automatisiert erfolgen, und es darf nichts vergessen werden.

Beim Tauchen muss die Ausrüstung quasi blind bedient werden, das erfordert natürlich eine gewisse Erfahrung in der Bedienung, im Auffinden und im Tauchen an sich. Die Sichtweite ist auf den Lampenschein begrenzt, und die Orientierung ist durch die reduzierte Sicht und durch fehlende Orientierungsmerkmale erschwert. Durch die Nutzung von Unterwasser-Lampen kann die Sicht begrenzt wieder hergestellt werden, aber auch die Lampennutzung erfordert spezielle Kenntnisse und Regeln.
Da Zwischenfälle unter Wasser in der Dunkelheit noch schwieriger erkannt oder bewältigt werden können, sollten diese durch eine gründliche Vorbereitung und durch das Ausschalten zusätzlicher Risikofaktoren möglichst verhindert werden.

Andererseits wird man für diesen erhöhten Aufwand durch eine besonders reizvolle Fauna belohnt, die durch uns Taucher jedoch möglichst wenig gestört werden soll.

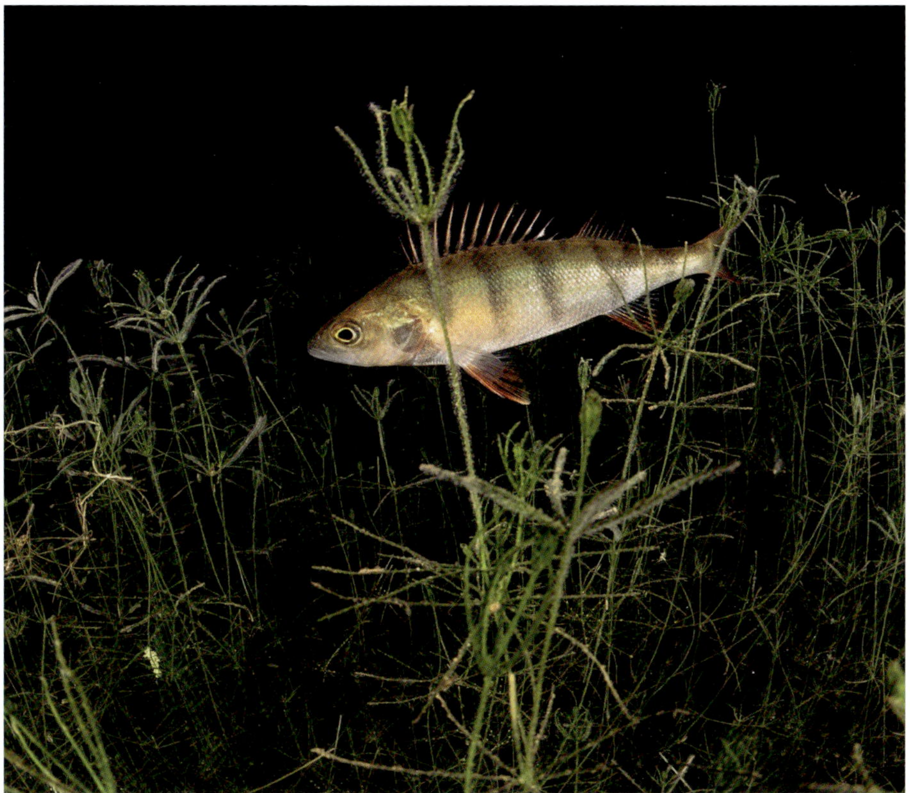

Barsch im Lampenschein

3.2 Auswahl und Bewertung von Tauchplätzen

Für das Nachttauchen sollte an einem Tauchplatz getaucht werden, der schon von anderen Tauchgängen tagsüber bekannt ist. Dadurch wird erreicht, dass man sich auch bei Dunkelheit zurechtfindet, sowohl über wie auch unter Wasser.
Der Tauchplatz sollte insbesondere von der Topografie her so beschaffen sein, dass die Orientierung unter Wasser einfach ist. Ideal sind hier schräg abfallende Ufer oder

Riffs, an deren Seite man einfach entlang tauchen kann. Es sollte ein einfacher Ein- und Ausstieg vorhanden sein.

Bei einem Tauchgang im Binnensee (aber auch im Meer) muss zunächst geklärt werden, ob das Tauchen bei Nacht überhaupt erlaubt ist. Gegebenenfalls sind hier noch zusätzliche Auflagen zum Beispiel an die Qualifikation zu beachten oder es gibt z.B. saisonale Beschränkungen aufgrund von Natur- und Artenschutzbestimmungen. Vor dem Tauchgang ist zu klären, welche Orientierungsmerkmale über Wasser vorhanden sind, zum Beispiel Straßenlaternen, andere Lichter oder als Markierung angebrachte Lampen. Allerdings ist auch dabei zu beachten, ob vorhandene Gegebenheiten eventuell auch zu einer Fehlorientierung führen können, zum Beispiel Lichter von Wohnhäusern oder Straßenlaternen, die ab einer gewissen Zeit ausgeschaltet werden.

Um Anwohner nicht zu stören, verhalten wir uns auch am Parkplatz und am Einstieg besonders rücksichtsvoll und leise.

Ein Nachttauchgang im Meer ist bereits so zu planen, dass möglichst keine Strömung herrscht, dass nicht in Grotten oder Höhlen getaucht wird und dass kein starker Wind oder Wellengang herrscht. Dies kann durch die Planung der Gezeiten und durch die Wettervorhersage berücksichtigt werden.

Insbesondere sollte schon vom Tauchplatz her darauf geachtet werden, dass dort keine zu große Tiefe herrscht und keine besonderen Gefahrenstellen vorhanden sind.

3.3 Tauchgangsplanung und -vorbereitung

Ein Nachttauchgang muss angemeldet werden, falls dies am Tauchplatz vorgeschrieben ist. An einem Nachttauchgang nehmen nur erfahrene Taucher teil, keine Anfänger. Idealerweise werden Zweiergruppen gebildet, maximal Dreiergruppen, damit sich die Gruppenmitglieder auch bei Dunkelheit im Blick behalten und unter Wasser nicht verlieren. Beim Tauchen bleiben deshalb die Abstände zwischen den Tauchern gering, gegebenenfalls wird mit Körperkontakt getaucht. Wenn Taucher mit zum Nachttauchen kommen, die noch nie nachts getaucht haben, wird pro Gruppe höchstens ein Nachttauchneuling zugeteilt.

Beim Tauchen in Gewässern mit Gezeiten wird anhand der Gezeitentabelle vorab die Zeit um den Gezeitenstillstand ermittelt und für den Tauchgang als Zeitraum gewählt.

Zum Sehen unter Wasser, zum Gesehenwerden und zur gegenseitigen Verständigung durch Zeichengebung bei Nacht sind zuverlässige und geeignete Tauchlampen unverzichtbar. Die Unterwasser-Lichtzeichen werden vorher abgesprochen.
Die Leuchtdauer der Lampen wird abgefragt und wie bei der Luft in der Tauchgangsplanung mit entsprechender Reserve berücksichtigt.
Die Handhabung von Lampen und die Unterwasser-Zeichengebung werden im nachfolgenden Abschnitt behandelt.

Die Tauchzeit wird vorher für alle Gruppen gleich festgelegt und ist auch einzuhalten, damit alle Gruppen planmäßig wieder aus dem Wasser kommen und keine Notfallaktionen eingeleitet werden. Außer der Tauchzeit wird auch die Tauchtiefe für alle Gruppen begrenzt. Auch die maximale Tauchstrecke sollte vorher festgelegt werden, da ein Zurückschnorcheln bei Orientierungsverlust in der Dunkelheit mit weiteren Risiken verbunden ist.

Ein Nachttauchgang wird nicht als Tief-, Deko-, Wrack-, Eis- oder Langstreckentauchgang geplant, sondern als Nullzeittauchgang und reiner Beobachtungstauchgang.

Beim Ausrüstungscheck wird nochmals überprüft, dass jeder Taucher eine eigene Lampe mit ausreichender Leuchtdauer für den Tauchgang mitführt, und dass diese funktioniert. Zusätzlich wird in der Gruppe mindestens eine Ersatzlampe mitgeführt, sinnvoll ist eine Notlampe für jeden Taucher.

Beim Tauchgang vom Boot erfolgt eine Beleuchtung über Wasser mit einem hellen weißen Rundumlicht, dieses kann gleichzeitig das Ankerlicht sein.
Die Einstiegsstelle bzw. das Boot werden mit geeigneter Beleuchtung gekennzeichnet, auch die Befestigung einer Lampe oder eines Blitzers am Einstieg unter Wasser sowie einige Meter oberhalb des Ankers ist zum Wiederfinden sinnvoll.
Beim Tauchgang von Land sollte der Einstieg auch mit einer Lampe markiert werden, falls kein festes Licht dort vorhanden ist. Wenn zwei Lampen hintereinander aufgestellt werden, kann man bei Auftauchen im freien Wasser auch die hierdurch

gekennzeichnete Richtung erkennen. Werden eigene Lampen an Land aufgestellt, so bleibt idealerweise eine Lampenwache an Land, um sicherzustellen, dass die Lampen nicht entwendet werden. Eine Verwechslung mit nahe gelegenen Straßenlaternen sollte durch ein Umdrehen vor dem Abtauchen verhindert werden.
Es sollte ein gefahrloser Ein- und Ausstieg gewählt werden, insbesondere sollte auf Brandung geachtet werden.

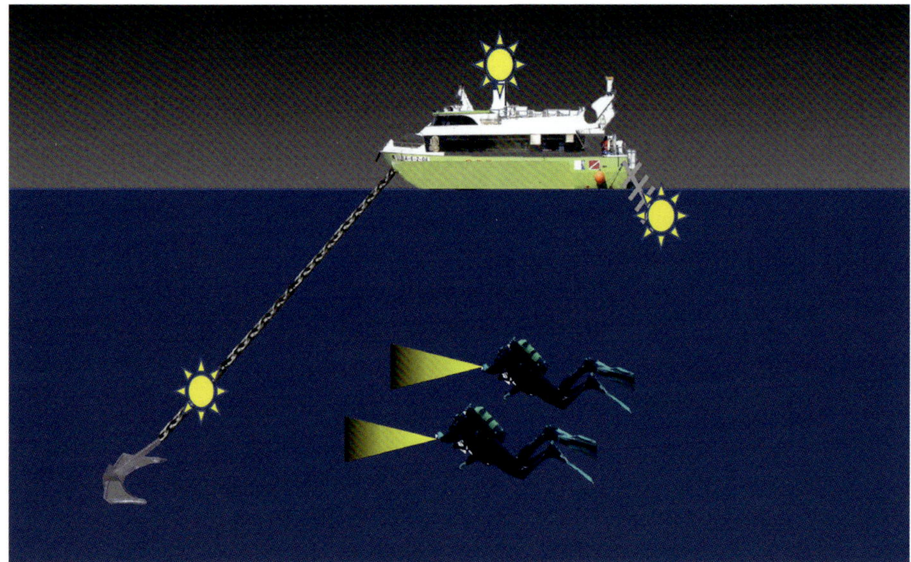

Nachtauchen vom Boot mit Markierungen

3.4 Tauchgangsvorbesprechung

In der Tauchgangsvorbesprechung wird die Örtlichkeit und die zu erwartende Flora und Fauna genau beschrieben, damit alle Gruppenmitglieder eine gute Vorstellung davon haben. Der geplante Kurs wird miteinander abgesprochen. Zusätzlich zum üblichen Briefing werden besondere Punkte angesprochen:

Zur Person:

- Nachttaucherfahrung vorhanden? Maximal ein Taucher ohne Nachttaucherfahrung!

- Klaustrophobische Taucher?
- Angst in der Dunkelheit?

Zum Gewässer:
- Tauchplatz sollte allen bekannt sein, trotzdem auf Orientierungsmöglichkeiten und Besonderheiten hinweisen
- Einstieg und geplante Ausstiegstelle bzw. Ersatzausstieg im Hellen begutachten,
- für ständige Beleuchtung sorgen, evtl. mit Beaufsichtigung,
- Erwartete Tier- und Planzenwelt und die Besonderheiten in Bezug auf die nächtliche Begegnung.

Zum Tauchgang:
- Zeit- und Tiefenbegrenzung strenger als bei Tagtauchgängen an gleicher Stelle!
- Länge höchstens nach Drittelregel Luft und Licht.
- Hinweis, dass keine Extremtauchgänge oder Schwierigkeitskombinationen erfolgen dürfen (Strömung, Grotten, Wracks, Deko).
- Reiner Beobachtungstauchgang ohne Kombination mit Übungen.
- Hinweise (besonders beim Tauchen vom Boot), dass keine allzu großen Tauchstrecken zurücklegt werden, damit das Boot oder der beleuchtete Ausstieg auch bei einem vorzeitigen Auftauchen noch gesehen werden kann.
- Umgang mit den Lampen besprechen: Lichtsignale und Notfallsignale, Handhabung der Lampen, um Tauchpartner und Tiere nicht zu stören oder gar zu blenden, Überwassersignale sind Notfallsignale, daher nicht mit der Lampe über der Wasseroberfläche leuchten!
- Gruppenformation: enger als bei Tag, strenger auf Positionen achten, kein Taucher darf zurückfallen oder sich weiter entfernen, da er im Falle eines Lampenausfalls nicht mehr sichtbar ist.
- Erschwerte Rettungskette und Maßnahmen ansprechen
- Hinweis auf Bootsbeleuchtung, Unterwasserblitzer oder Beleuchtung am Ufer
- Erste Gruppe setzt ggf. den Blitzer am Einstieg unter Wasser, letzte Gruppe nimmt ihn wieder mit zurück.
- Freiwasserab- und aufstiege sind zu vermeiden.

Zur Ausrüstung:
- Entsprechende Ausrüstung für einen Nachttauchgang vorhanden? Die Ausrüstung

muss bekannt und vertraut im Umgang sein.
- Bedienungselemente der Ausrüstung blind bedienbar?
- Keine neuen Ausrüstungsgegenstände ausprobieren, die noch nicht tagsüber eingesetzt wurden.
- Jeder Taucher hat eine eigene, voll geladene Lampe mit ausreichender Leuchtdauer für den geplanten Tauchgang (Drittelregel)?
- Leuchtdauer der Lampen abfragen.
- Die Gruppe hat eine zusätzliche Ersatzlampe mit.
- Für jeden Taucher ist ein Blitzer oder eine Notlampe sinnvoll.
- Leuchtstäbe sollten wegen ihrer Umweltschädlichkeit vermieden werden.
- Instrumente mit Beleuchtung oder nachleuchtendem Hintergrund
- kompletter Ausrüstungscheck insbesondere mit Funktionscheck der Lampen

3.5 Nachttauchausrüstung und Lampentechnik

Beim Nachttauchen muss die Ausrüstung quasi blind beherrscht werden, daher kommt ihr besondere Bedeutung zu. Gerade wegen der Beherrschung der Ausrüstung ergibt sich, dass nur bekannte und keine neuen Ausrüstungsgegenstände mitgenommen werden.

Instrumente (Kompass, Tiefenmesser, Computer, Uhr, Finimeter) sollten möglichst mit fluoreszierenden Ziffern oder nachleuchtendem Hintergrund versehen sein. Ideal sind Tauchcomputer mit selbstleuchtendem Display.

Ein Schneidwerkzeug wie Schere oder Messer ist auch bei Nachttauchgängen wichtig, da man sich bei Dunkelheit noch leichter in Netzen oder Leinen verfangen kann.

Eine Signalboje gehört auch nachts zur Ausrüstung, um beim Auftauchen im freien Wasser auf sich aufmerksam zu machen. Hierzu wird an der Wasseroberfläche die Boje von unten mit der Tauchlampe angestrahlt und ist so als heller farbiger Stab von weitem sichtbar. Hilfreich sind auch Reflektoren an den Bojen oder eine Aufnahmemöglichkeit für Blitzer.
Ein Schnorchel gehört wie bei jedem Tauchgang auch nachts zur Ausrüstung, um bei Orientierungsverlust zurück zum Einstieg schnorcheln zu können.

Neben den für Tagtauchgänge üblichen und intakten Ausrüstungsgegenständen gehört eine leistungsstarke Unterwasserlampe für jeden Taucher dazu, zusätzlich mindestens eine Reservelampe (Backup-Lampe) pro Gruppe.

Am Ufer oder auf dem Boot wird ein helles weißes Rundumlicht über Wasser platziert, hierzu eignet sich bei Booten auch das Topplicht und eventuell auch die Decksbeleuchtung. Damit auch unter Wasser das Boot oder der Einstiegsort gut wiedergefunden werden kann, wird dort ebenfalls ein helles, weißes Rundumlicht oder ein gut sichtbarer Unterwasserblitz positioniert. Ebenso sollte ein Licht oder ein Blitzer einige Meter oberhalb des Ankers befestigt werden.

Für das Tauchen wird eine gute Unterwasserlampe benötigt, die ausreichend Lichtstärke und eine lange Brenndauer hat. Nachts reicht eine geringere Lichtleistung als tagsüber. Bei den früher üblichen Halogenleuchten benötigt man tagsüber 50 Watt Leistung, um überhaupt einen Effekt im Vergleich zum Tageslicht zu erzielen. Nachts sind je nach Sichtweite durchaus Lampen mit 20 Watt Leistung ausreichend. Dies ist auch in Hinblick auf den schonenden Umgang mit der zu erwartenden Tier- und Pflanzenwelt zu empfehlen.

Mittlerweile haben sich andere Lichtquellen durchgesetzt, insbesondere LED-Leuchten. Bei LED-Leuchten reicht bereits eine deutlich geringere Leistung als bei Halogenleuchten, um die gleiche Lichtstärke zu erzeugen. Da auch der Energieverbrauch deutlich geringer ist, reichen wesentlich kleinere Akkus für

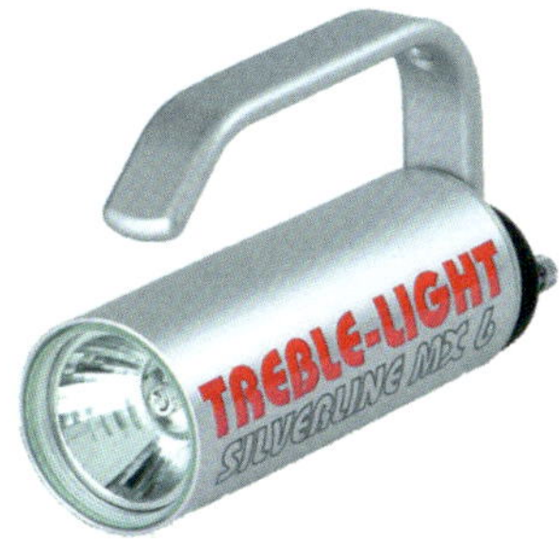

Halogen-Handlampe

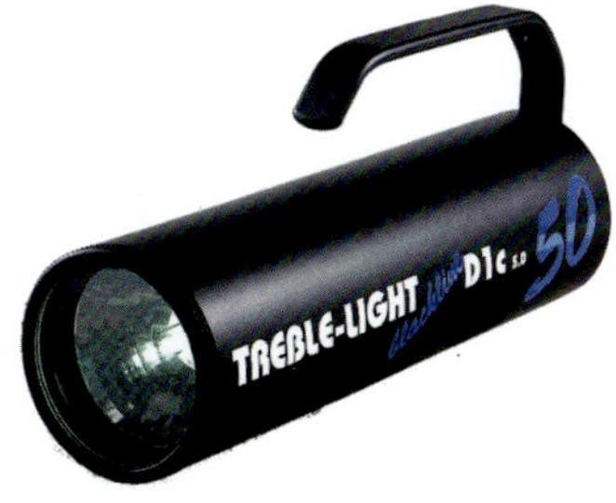

Gasentladungslampe

die gleiche oder längere Leuchtdauer. Mit modernen Lithium-Ionen-Akkus sind mittlerweile derart kompakte Bauweisen möglich, dass LED-Leuchten mit Akku auf dem Handrücken (Goodman-Handle) oder als gute Backup-Lampe mitgeführt werden können. Viele Lampen ermöglichen auch die Regelung der Lichtstärke in mehreren Stufen, um sie den Gegebenheiten anzupassen oder den Energieverbrauch zu verringern.

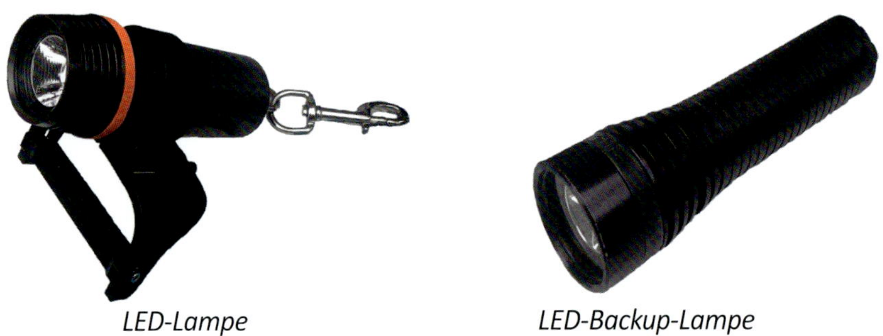

LED-Lampe *LED-Backup-Lampe*

Bei schlechter Sicht wirkt eine Lampe wie das Fernlicht beim Auto im Nebel.
Um tagsüber bestimmte Objekte auszuleuchten, sind Punktstrahler mit einem Leuchtwinkel von ca. drei Grad geeignet. Nachts hingegen sind für ein weites Sichtfeld Breitstrahler unter Umständen besser geeignet, allerdings nur bei guter Sicht. Der Nachteil von Breitstrahlern ist auch, dass die Tauchpartner eher geblendet werden.

Bei der Brenndauer ist zu bedenken, dass das Licht nicht nur für den Tauchgang, sondern auch davor und danach benötigt wird. Für den Tauchgang selbst muss eine Reserve zur Tauchzeit eingerechnet werden. Hier gilt die **Drittelregel**: ein Drittel für den Hinweg, ein Drittel für den Rückweg, ein Drittel als Reserve, also die 1,5fache Tauchzeit zuzüglich Licht für den Weg über Wasser. Dies geht über die sonst bei normalen Tauchgängen übliche Reserve hinaus und soll den etwas schwierigeren Rahmenbedingungen Rechnung tragen. Aus dieser Regel ergibt sich auch anhand der vorher bekannten Lampenleuchtdauer, nach welcher Zeit und bei welchem Druck – je nachdem, was eher kommt – der Rückweg anzutreten ist.
Zu beachten ist, dass die Lampe oder der Magnetschalter unter Wasser auch den Kompass ablenken kann, daher sollte die Lampe nicht zu nah am Kompass gehalten werden.

Entscheidend für die Brenndauer ist auch der Akku der Lampe. Hier gibt es Unterschiede bei der Art des Akkus (Blei, Nickel-Cadmium, Lithium-Ionen, Lithium-Polymer, Alkali-Mangan) hinsichtlich:

- Preis und Zuverlässigkeit
- Energiedichte
- Memory-Effekt
- Temperaturentwicklung
- Gasentwicklung
- Tiefentladung
- Selbstentladung

Auch die Ladegeräte müssen für die Akkus geeignet und zugelassen sein. Leuchtstäbe sollen wegen ihrer Umweltschädlichkeit vermieden werden und kommen daher auch zur Kennzeichnung des Einstiegs nicht in Betracht, sie haben auch nur eine geringe Leuchtkraft.

Lampen werden zum Schutz vor Verlust am besten mit einem Karabiner an der Ausrüstung befestigt. Ein ausreichender Bewegungsradius kann mit einer entsprechend langen Verbindungsleine (eventuell auch ein Spiralband oder ein sich selbst einziehender Retraktor) erreicht werden, aber die Lampe sollte beim Loslassen auch nicht nach unten fallen, sondern idealerweise mit einem Karabiner an einem D-Ring weggeklipt werden. Kleinere Lampen, zum Beispiel Backup-Lampen, können auch mit einem einfachen Bungee am Handgelenk gegen Verlust gesichert werden.

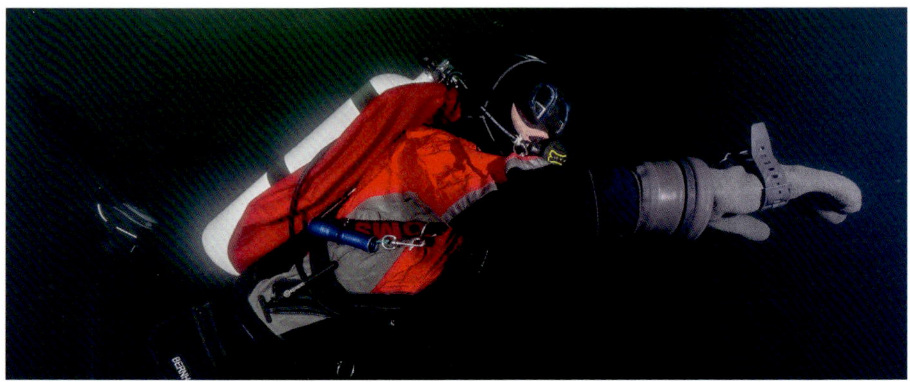

Mögliche Befestigung einer Backup-Lampe

Die Lampe kann beim Tauchen in einer Hand gehalten werden, allerdings ist diese Hand dann belegt und kann nicht für andere Zwecke genutzt werden. Von großem Vorteil ist hier ein so genanntes Goodman-Handle, mit dem die Lampe am Handrücken fixiert wird und die Hand trotzdem noch zum Beispiel zum Tarieren genutzt werden kann. Dies gibt es auch in Verbindung mit einem Akkutank, der dann am Gerätegurt fixiert wird und über ein Kabel mit dem Lampenkopf verbunden ist.

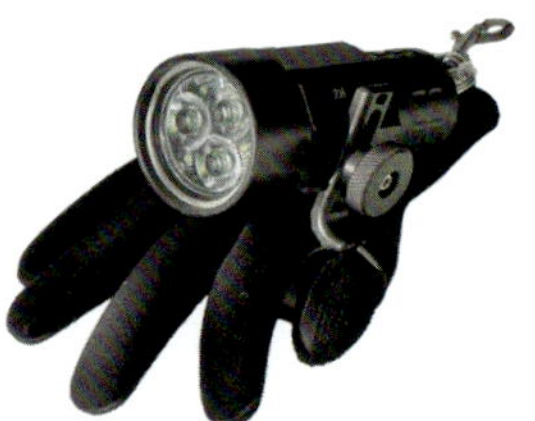

LED-Handleuchte mit Goodman-Handle

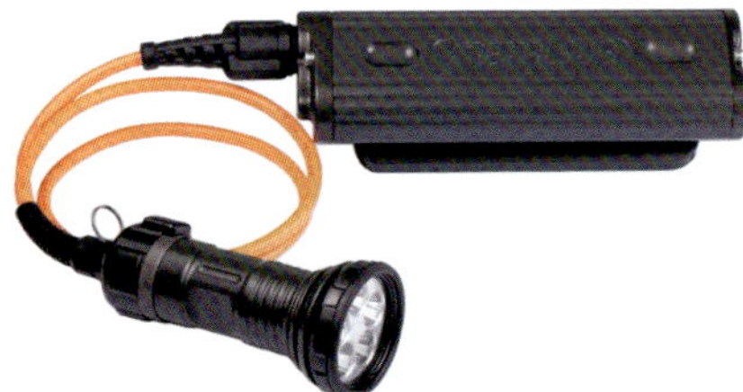

Pilotlampe mit Akkutank

Beim Transport von Unterwasserlampen, insbesondere auf Reisen, ist eine Sicherung gegen unbeabsichtigtes Einschalten wichtig. Bei längeren Fahrten und Flügen sollte daher – soweit möglich – der Brenner herausgenommen werden. Das ist aber bei Leuchtmitteln mit nur sehr geringer Wärmeentwicklung nicht nötig, könnte aber von

Fluggesellschaften vorgeschrieben werden. Bitte erkundige dich vor einem Flug über die jeweils gültigen Bestimmungen.

Die **Handhabung** der Unterwasser-Lampe fängt schon über Wasser an: abgesehen von dem Weg zum Wasser werden Lampen nur unter Wasser eingeschaltet und nicht oberhalb der Wasseroberfläche, denn ein Leuchten oder gar Schwenken der Lampe über Wasser gilt als Notsignal. Unter Wasser hingegen bleibt die Lampe eingeschaltet, um auch gesehen zu werden. Dabei wird mit der Lampe in der Regel auf den Boden geleuchtet. Möchte man ein mobiles Tier (z.B. einen Fisch oder Krebs) betrachten, sollte man versuchen, das Tier im äußeren Schein des Lichtkegels zu betrachten. Fische und andere Unterwasserlebewesen sind auf schwache und diffuse Lichtverhältnisse angepasst und haben keine Lider um die Augen zu verschließen. Beleuchten wir Fische direkt mit hoher Lichtintensität und blenden diese mit unserem Lichtkegel, kann dies zu einem Verhalten der Tiere führen welches auch körperliche Verletzungen nach sich ziehen kann. Dasselbe gilt auch für unsere Tauchpartner, denn auch diese würden von der Lampe geblendet. Die Bewegungen der Lampe sollten ruhig und langsam erfolgen, denn jede hektische Bewegung kann als Notsignal gedeutet werden.

Die **Zeichengebung** erfolgt beim Nachttauchen mit den gleichen Zeichen wie tagsüber, indem die zeichengebende Hand vor der Brust mit der Tauchlampe angestrahlt wird, ohne dabei die Mittaucher zu blenden.

Das OK-Zeichen kann nachts auch mit der Lampe gegeben werden, indem mit dem Lampenschein am Boden ein Kreis beschrieben wird. Umgekehrt signalisiert eine heftige Auf- und Abbewegung des Lampenscheins, dass etwas nicht in Ordnung ist.

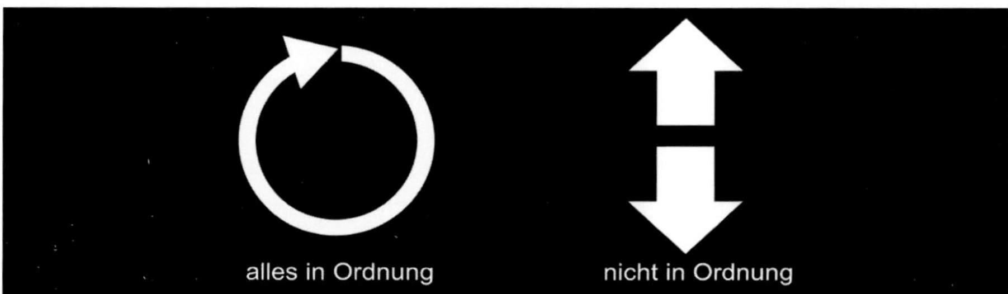

Unterwasserzeichen mit der Lampe bei Nacht

4. Nachttauchen in der Tauchpraxis

4.1 Veränderte Bedingungen beim Nachttauchen

Es ist eine einfache Weisheit, dass es nachts dunkel ist und man nichts sieht. Deshalb nehmen wir eine Lampe mit, um etwas zu sehen. Allerdings sieht man auch mit einer Lampe nur den Bereich, der angeleuchtet wird!

Der sichtbare Bereich ist also geringer, und daher ist es auch schneller möglich, einen Tauchpartner zu verlieren. Auch die Orientierung ist deshalb nachts schwieriger. Daher ist es umso wichtiger, guten Kontakt in der Tauchgruppe zu halten, niemand sich von der Gruppe entfernt und die Abstände geringer sind als tagsüber. Das wichtigste Erkennungsmerkmal ist dabei die Tauchlampe jedes Gruppenmitglieds.

Beim Nachttauchen ist es daher leichter möglich, dass Tauchpartner geblendet werden, insbesondere bei der Unterwasser-Zeichengebung. Deshalb sollte immer in eine andere Richtung, am besten auf den Boden, geleuchtet werden.

Das Ablesen der Instrumente (Kompass, Tiefenmesser, Computer, Uhr, Finimeter) ist schwieriger, wenn dies nur im Lampenschein erfolgen kann. Daher sollten Instrumente mit fluoreszierenden Ziffern oder nachleuchtendem Hintergrund benutzt werden. Ideal sind Tauchcomputer mit selbstleuchtendem Display.

Das Tauchen bei Nacht bedeutet unter Umständen eine besondere und möglicherweise stressvolle Umgebung, insbesondere wenn dies ungewohnt ist. Es sollte auch nicht eventueller Stress von der Arbeit, von Zuhause oder aufgrund des Straßenverkehrs bei der Anreise mitgenommen werden. Schon durch die geänderten Rahmenbedingungen nehmen eventuell Angst und Stress zu, dies führt auch zu einem erhöhten Luftverbrauch und zu erhöhtem Risiko.

Die Dunkelheit an sich verursacht gerade bei Ungeübten vermehrten Stress, unter Umständen auch Angst. Diese psychischen Faktoren führen auch eher zu falschen Reaktionen. Deshalb sollten solche Gefühle immer ehrlich gegenüber sich selbst und den Partnern wahrgenommen und mitgeteilt werden. Wird durch beruhigendes Einwirken, Handkontakt oder Ablenken durch das Anleuchten interessanter

Unterwasserelemente dieser Stress nicht behoben, ist der Tauchgang eventuell zu beenden.

Andererseits kann bei Nacht ein ganz anderes Unterwasserleben mit einer gegenüber Tagtauchgängen veränderten Fauna und Flora erlebt werden, man kann also nachts auch besonders schöne Eindrücke und Erlebnisse beim Tauchen genießen.

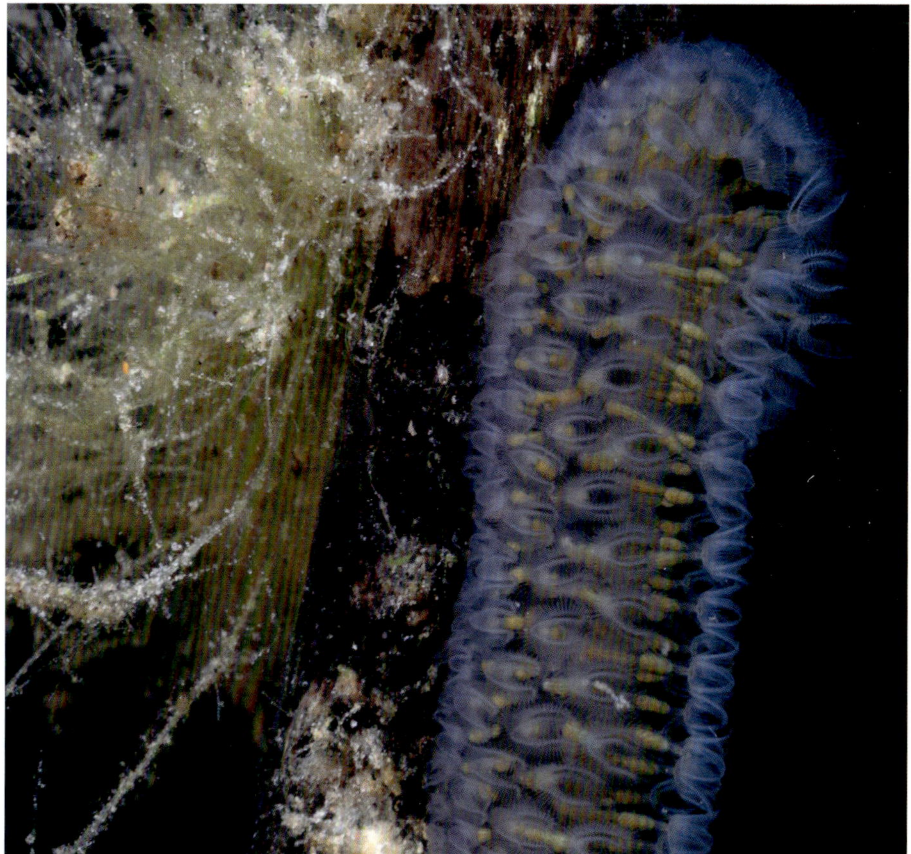

Eindrücke beim Nachttauchen

4.2 Hilfsmittel für die Unterwasser-Orientierung

Durch die Dunkelheit ist beim Nachttauchen die natürliche Orientierung nur noch eingeschränkt möglich über Tiefenlinien, Zeit, besondere Gegebenheiten oder Bodenbewuchs. Felsformationen als Ganzes und einzeln stehende Felsen sind schlecht einzuordnen. Die vorhandenen Orientierungsmöglichkeiten sollte man sich jedoch bereits beim Hinweg merken, um beim Rückweg den Einstieg besser wieder zu finden. Es sollten möglichst vorhandene Referenzen wie Uferschräge oder Riffwand genutzt werden. Ebenso gehört die ständige Kontrolle von Tauchzeit und Tauchtiefe zur Orientierung dazu, damit Rückschlüsse auf die Entfernung vom Einstieg und die Tiefenlinie gezogen werden können. Die Sonne als Orientierungshilfsmittel fällt aus, allerdings kann der Mond insbesondere bei Vollmond und guter Sicht stattdessen genutzt werden, falls er nicht durch Wolken verdeckt ist.

Daher kommt gerade nachts der Orientierung mit dem Kompass eine besondere Bedeutung zu. Der Kompass ist nachts genauso gut einsetzbar wie tagsüber. Auch am Kompass sorgt ein fluoreszierendes (nachleuchtendes) Ziffernblatt auf der Kompassrose, dass er nicht ständig angeleuchtet werden muss, sondern auch nach kurzem Anleuchten weiter ablesbar bleibt.

Der Kompass kann jedoch durch die magnetische Wirkung von Eisen und insbesondere von Taucherlampen abgelenkt werden, so dass ein falscher Kompasskurs abgelesen wird. In diesem Fall hilft ein größerer Abstand von Eisenteilen und ein Abstand zwischen Lampe und Kompass.

Gut zu erkennen sind oft auch eine Uferbeleuchtung, die Straßenbeleuchtung oder beleuchtete Seezeichen. Allerdings muss beachtet werden, ob diese Beleuchtung unter Umständen auch wieder ausgeschaltet wird und dann als Hilfsmittel nicht mehr verfügbar ist. Daher ist es zuverlässiger, selbst mit Hilfe von Überwasserlampen für eine Beleuchtung des Einstiegs zu sorgen.

Beim Tauchen vom Boot sind auch die Positionsleuchten oder die Decksbeleuchtung schon beim Blick von unten an die Wasseroberfläche gut erkennbar. Zusätzlich sollte der Bootseinstieg unter Wasser mit einer Lampe oder einem Blitzer markiert werden. Um den Anker als Referenz wiederzufinden, sollte auch an der Ankerleine einige Meter über dem Grund eine Lampe oder ein Blitzer befestigt werden.

Alle diese Leuchtmarkierungen helfen aber nur, wenn sie in Sichtweite sind.

Wie bei Tagtauchgängen kann die Brechung genutzt werden, um beim Blick an die Wasseroberfläche bereits das Schiff oder die Uferbeleuchtung zu erkennen.

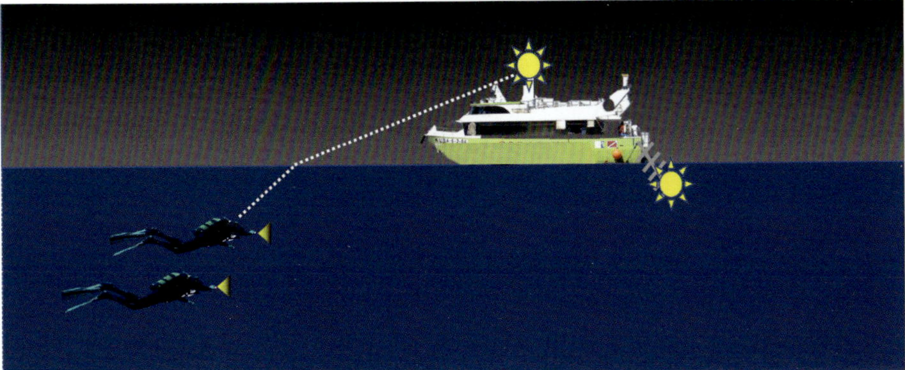

Nutzung der Brechung zur Orientierung an die Wasseroberfläche

Nachts ist generell die Gefahr größer, aufgrund von Fehlorientierung den Ausgangspunkt nicht wieder zu finden. Daher sollten Tauchgänge vom Boot nur in geringer Entfernung vom Anker durchgeführt werden.

4.3 Nachttauchgänge vom Boot aus

Bei Nachttauchgängen vom Boot sind die Markierungen und Beleuchtungen wie im vorherigen Abschnitt beschrieben über und unter Wasser einzurichten.
Das Boot selbst setzt die Positionslichter für ein manövrierunfähiges Boot (zwei rote Rundumlichter am Mast übereinander) bzw. für ein manövrierbehindertes Boot

(rot – weiß – rotes Rundumlicht), da es nicht den Tauchplatz verlassen kann, wenn noch Taucher im Wasser sind.

Eine kompetente Person bzw. der Bootsführer bleibt an Bord zur Koordinierung und Kontrolle der Nachttauchgänge, zur Absicherung und zur Beobachtung der Tauchgruppen.

Es wird abgesprochen, dass keine Lichtsignale über Wasser gegeben werden, denn das wären Notzeichen, auf die direkt mit entsprechenden Manövern reagiert wird. Daher wird die Lampe über Wasser ausgeschaltet und nur in echten Notfällen genutzt. Idealerweise erfolgt das Ab- und Auftauchen nur an der Ankerleine, damit diese als Orientierungspunkt genutzt wird.
Für alle Gruppen wird eine maximale Entfernung vom Boot abgesprochen. Wichtig ist dabei die Sichtbarkeit der Lampe, die unter dem Boot angebracht ist bzw. der Über-Deck-Beleuchtung! Auch der Bereich, in dem getaucht werden kann, wird vom Boot aus gesehen abgesprochen. Bei zu großer Entfernung vom Boot ergeben sich Gefahren, die bis zu Suchaktionen nach verlorenen Gruppen im Dunkeln führen können. Dies ist auch für andere noch tauchende Gruppen nicht gefahrlos möglich.

Nachttauchgänge sollten also streckenmäßig kurze, dafür aber schöne Tauchgänge werden, bei denen intensiv das sich erst nachts entfaltende Leben beobachtet wird!

4.4 Sicherheitsvorkehrungen beim Nachttauchen

Die Sicherheit beim Nachttauchen fängt bereits bei der Auswahl einer gefahrlosen Ein- und Ausstiegsstelle an. Gerade bei Dunkelheit sind Kletterpartien noch gefährlicher. Zur eigenen Sicherheit sollte dabei auch die Lampe eingeschaltet werden.

Wichtig für die Sicherheit ist die in den vorherigen Abschnitten beschriebene Markierung der Einstiegsstelle.

Die Gruppenzusammensetzung sollte wie bei Tagtauchgängen immer den Sicherheitsstandards entsprechen, außerdem sollten die Gruppen nicht zu groß sein, maximal zwei oder drei Personen. Je größer die Gruppe ist, desto eher kann

ein Gruppenmitglied verloren werden. Beim Nachttauchen werden keine Anfänger mitgenommen, eine gute Taucherfahrung und Routine wird vorausgesetzt. Werden Nachttauchneulinge mitgenommen, also Personen mit ihrem ersten Nachttauchgang, dann kann maximal ein Neuling pro Tauchgruppe zugeordnet werden, damit auf diesen besonders geachtet wird.
Die Ausrüstung für das Nachttauchen wurde bereits im Abschnitt 3.5 erläutert. Nachts ist es nochmals schwieriger, bei wenig Licht die Ausrüstung korrekt vorzubereiten. Gerade deshalb ist es wichtig zu überlegen, ob jeder einzelnen Handgriff und jedes Ausrüstungsteil richtig ist, ein besonders genauer Check bereits vor dem Tauchen beugt Problemsituationen beim Tauchen vor. Jeder Taucher sollte praktisch blind mit der Tauchausrüstung vertraut sein.

Zur Verständigung beim Nachttauchen werden die oben aufgeführten Lichtsignale abgesprochen:

- Das Kreisen der Lampe bedeutet, dass alles o.k. ist.
- Eine Auf- und Abwärtsbewegung der Lampe bedeutet, dass irgendetwas nicht stimmt, es ist also ein Notsignal.
- Alle übrigen Zeichen, auch das OK-Zeichen, können mit der Hand gezeigt werden, indem die Hand dabei mit der Lampe angestrahlt wird. Dabei muss eine Blendung des Tauchpartners vermieden werden. Die Aufmerksamkeit des Tauchpartners kann mit einem kurzen Anleuchten erregt werden.

Beim Nachttauchen werden keine weiten Tauchstrecken zurückgelegt. Die abgesprochene maximale Tauchzeit wird eingehalten, anderenfalls wird ein Notfall angenommen.

Lange Schnorchelstrecken an der Oberfläche bilden eine Gefahr, die nur durch Wiederfinden des Ausgangspunktes vermieden werden können.

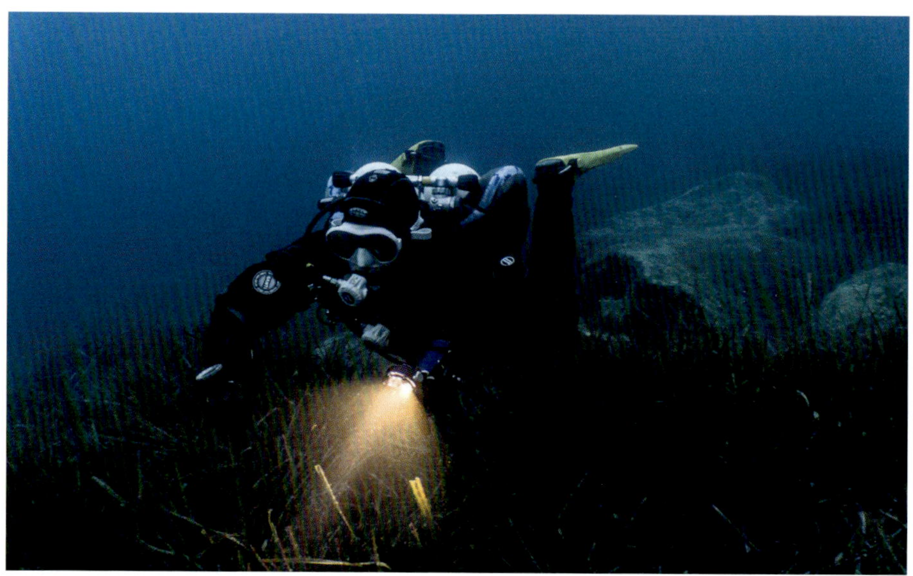

Sicherheit beim Nachttauchen

4.5 Notfallplanung

Nachts kann es wie tagsüber zu Notfällen und Problemen kommen, und durch die Dunkelheit werden die verursachenden Faktoren eher noch verstärkt.

Der Verlust eines Tauchpartners ist bei Dunkelheit eher möglich, ein Wiederfinden der Gruppenmitglieder noch schwieriger als tagsüber. Wird ein Tauchpartner verloren, kann es hilfreich sein, wenn zunächst das eigene Licht ausgeschaltet wird. Eventuell sieht man dann die Lampe des Partners. Anderenfalls wird wie immer ausgetaucht, um sich an der Oberfläche zu treffen.

Tauchlampen sind bei Nachttauchgängen unbedingt erforderlich, daher ist der Ausfall einer Tauchlampe nachts durchaus ein Problem, welches aber gelöst werden kann. Zunächst wird der Partner auf den Ausfall aufmerksam gemacht. Genau für solche Situationen wird in der Gruppe eine Ersatzlampe mitgeführt, die dann benutzt werden kann. Nur wenn diese auch nicht funktioniert, wird langsam mit der Lampe des Partners ausgetaucht.

Beim Verlust der Orientierung ist die Reaktion ähnlich wie tagsüber: zunächst Ruhe bewahren und die Partner um Rat fragen. Wenn auch die Partner nicht den Weg wissen, wird in Kreisformation ausgetaucht und an der Oberfläche die markierte Einstiegsstelle angepeilt. Mit diesem Kurs kann dann zurückgetaucht oder, wenn der Luftvorrat zu knapp ist, zurückgeschnorchelt werden.

Ist die Lichtmarkierung nicht mehr zu sehen, war man zu weit entfernt! Dies kann große Gefahr bedeuten. Daher sei hier nochmals auf die maximal zulässige Entfernung von der Einstiegsstelle hingewiesen. Zur Notfallplanung gehört wie bei Tagtauchgängen auch die allgemeine Erläuterung der Rettungskette, das nächste Telefon bzw. Mobiltelefon mit vorher überprüfter Netzverfügbarkeit. Die Rufnummern der zu alarmierenden Stellen sollten griffbereit sein. Die genaue Lage des Tauchortes sollte bekannt sein, um ihn den Rettungskräften zu beschreiben, damit diese ihn auch nachts schnell finden können.

Im Falle einer Rettung ergeben sich nachts Besonderheiten. Die Erreichbarkeit ist in der Nacht problematisch, die Rettungsmaßnahmen sind erschwert und erfordern ebenfalls eine ausreichende Ausleuchtung. Daher kommt den eigenen Sicherheitsvorkehrungen wie z.B. Sauerstoffgerät, AED, Mobiltelefon und das Vermeiden von Risiken beim Tauchen besondere Bedeutung zu.

4.6 Gewässerschutz und biologische Besonderheiten bei Nachttauchgängen

Nachttauchgänge dürfen nur dort durchgeführt werden, wo diese auch erlaubt sind, gegebenenfalls nur nach Anmeldung und unter bestimmten Auflagen.
Am Parkplatz und am Einstieg ist besondere Rücksicht auf die Anwohner zu nehmen und Lärm zu vermeiden, insbesondere wird kein Kompressor betrieben.
Die Abschätzung der Tarierung und des Abstandes vom Boden ist für ungeübte Nachttaucher schwieriger, daher ist es wichtig sich besonders darauf zu konzentrieren und das Aufwirbeln von Sediment sowie Bodenberührungen zu vermeiden.
Wegen der geringeren Sicht neigt man zu geringeren Abständen, die aber eher zur Sedimentaufwirbelung führen. Das Sediment setzt sich auf Pflanzen ab, die dann durch mangelnde Licht- und Sauerstoffzufuhr absterben können.

Gerade bei Nacht kommen viele Organismen zum Vorschein, die tagsüber verborgen sind. Dies ist ein besonderer Reiz von Nachttauchgängen sowohl im Süßwasser als auch im Meerwasser, da man hierdurch andere Arten zu Gesicht bekommt als im selben Tauchgewässer tagsüber. Andererseits gibt es nachts auch viele ruhende Organismen, gerade Fische, die in unseren Seen auf dem Boden liegen oder wie der Papageifisch im marinen Bereich in einem Schleimkokon die Nacht verbringen. Wenn die Fische während dieser Ruhephasen gestört und angeleuchtet werden, muss darauf geachtet werden, die Fische nicht zu blenden, auch nicht versehentlich zum Beispiel beim Ablesen der Instrumente. Es besteht dann die Gefahr dass die Tiere aufgeschreckt werden und sich durch panikartige Bewegungen verletzen. Hierbei können Verletzungen an der Haut der Tiere oder aber auch Muskelfaserrisse der schnellen roten Muskulatur auftreten, welche für Fische oftmals zu äußeren Infektionen führen und letztendlich tödlich enden. Zudem verlieren Fische und andere mobile Tiere durch zu häufige Störungen insbesondere im Winter dringend benötigte Energiereserven durch den zusätzlichen Stress. Daher können Nachttauchgänge insbesondere im Winter eine hohe Belastung für Fische sein und sollten mit Bedacht und ökologischer Vorbereitung durchgeführt werden.

Die Lampen werden daher nur dazu eingesetzt, um Fische in Ruhe mit ausreichendem Abstand und möglichst nur indirekt mit dem Rand des Lichtkegels zu beobachten. Ebenso wie tagsüber werden Fische in keinem Fall berührt, und es wird ausreichend Abstand gehalten.

Auch beim Gang zum Gewässer ist darauf zu achten, mit dem Lampenlicht keine Tiere aufzuschrecken. Es ist gerade wegen der Dunkelheit darauf zu achten, nicht in geschützte Uferbereiche zu gelangen und nur vorgesehene Ein- und Ausstiege zu verwenden, damit kein Pflanzengürtel geschädigt wird. Zum Umweltschutz gelten darüber hinaus die Hinweise und Maßnahmen wie bei einem Tagtauchgang.

Eine weitere interessante Möglichkeit bei Nachttauchgängen ist die Verwendung von Fluoreszenz auslösenden Lichtquellen. Dies sollte jedoch wegen der weiter reduzierten Sicht erfahrenen Tauchern vorbehalten sein. Hierzu benötigt man zur Auslösung der Fluoreszenz von Organismen blaues Licht (450 bis 465 nm) und zur Beobachtung einen sogenannten Gelbsperrfilter für Kamera und Taucherbrille, um das emittierte blaue Licht zu entfernen. Die Fluoreszenz ist gerade im marinen Bereich ein nützliches Tool, um die „Gesundheit" von Riffen einschätzen können, da nur gesunde Korallen mit lebenden Polypen fluoreszieren.

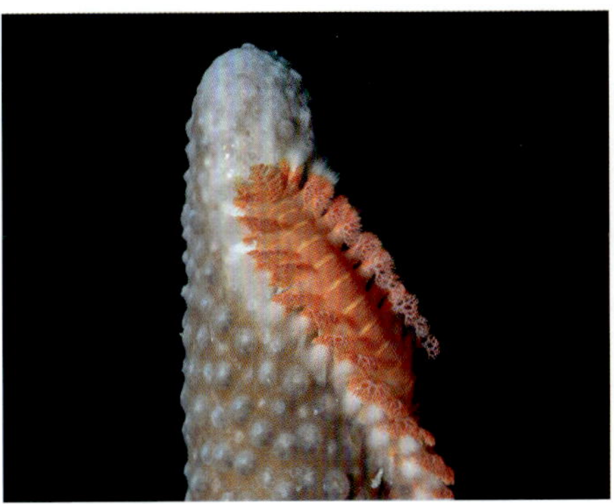

Bart-Feuerborstenwurm (Hermodice carunculata) *auf einer Steinkoralle, Bonaire, Karibik*

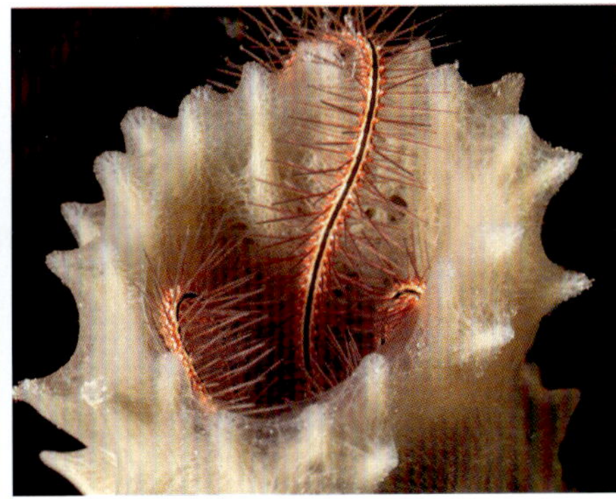

Schwamm-Schlangenstern (Ophiothrix suensonii) *in einem Vasen-Schwamm, Bonaire, Karibik*

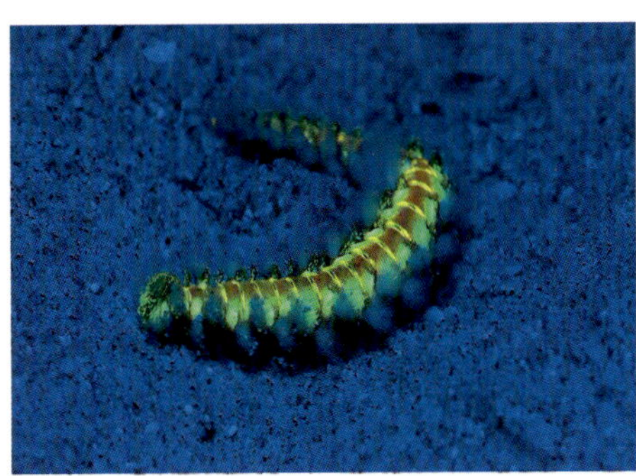

Fluoreszenz eines Bart-Feuerborstenwurms (Hermodice carunculata), *Bonaire, Karibik*

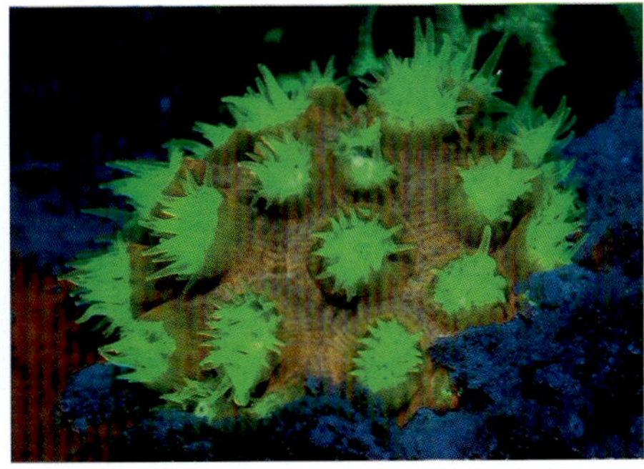

Fluoreszenz einer Großpolypigen Steinkoralle (Montastraeca cavernosa), *Bonaire, Karibik*

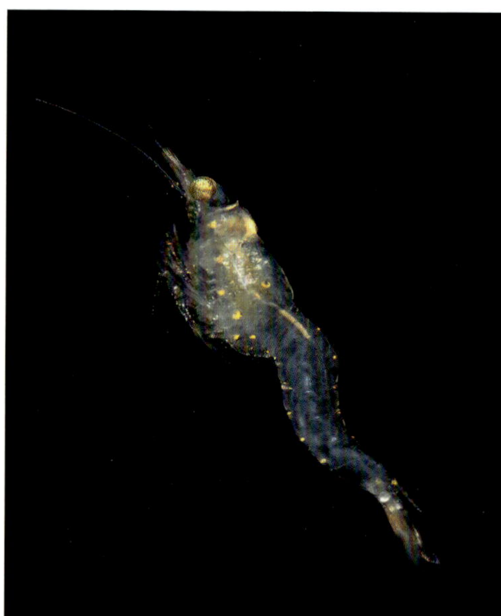

Donau-Schwebegarnele (Neozoe, Limnomysis benedeni), Bosmolenplas, Niederlande

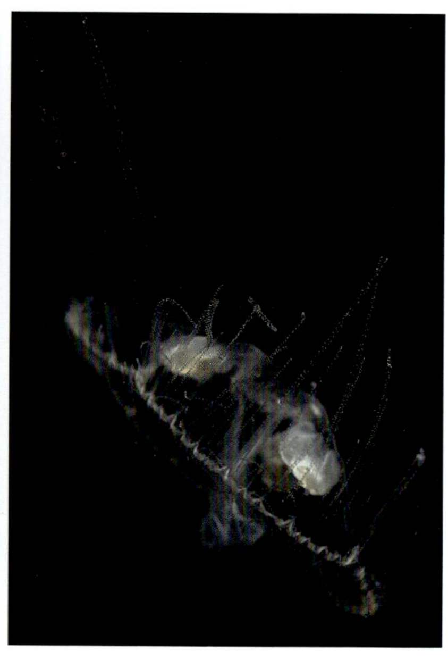

Süßwassermeduse (Neozoe, Craspedacusta sowerbii), Bosmolenplas, Niederlande

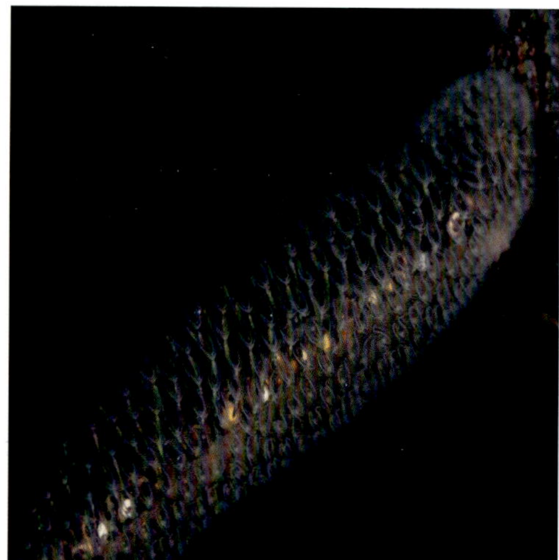

Gallertiges Moostierchen (Cristatella mucedo), Fliednersee, Deutschland

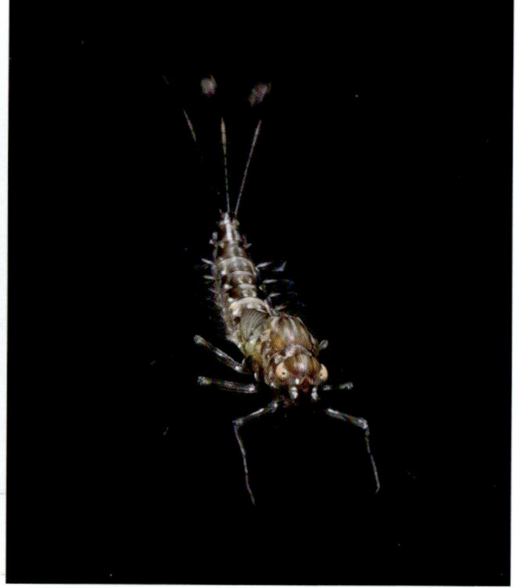

Eintagsfliegenlarve (Ephemeroptera). Goldberger See, Deutschland

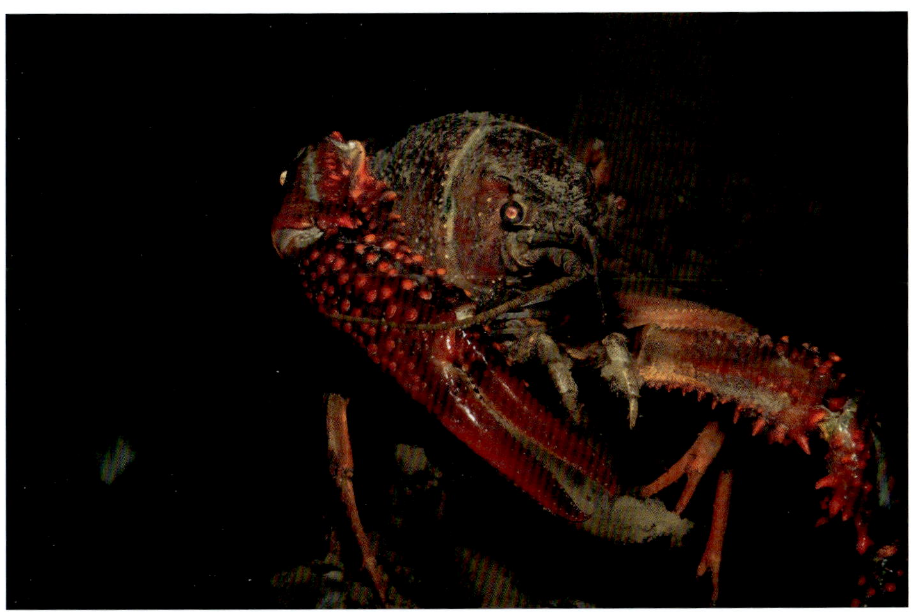

Roter Amerikanischer Sumpfkrebs (Neozoe, Procambarus clarkii), Königshüttesee, Deutschland

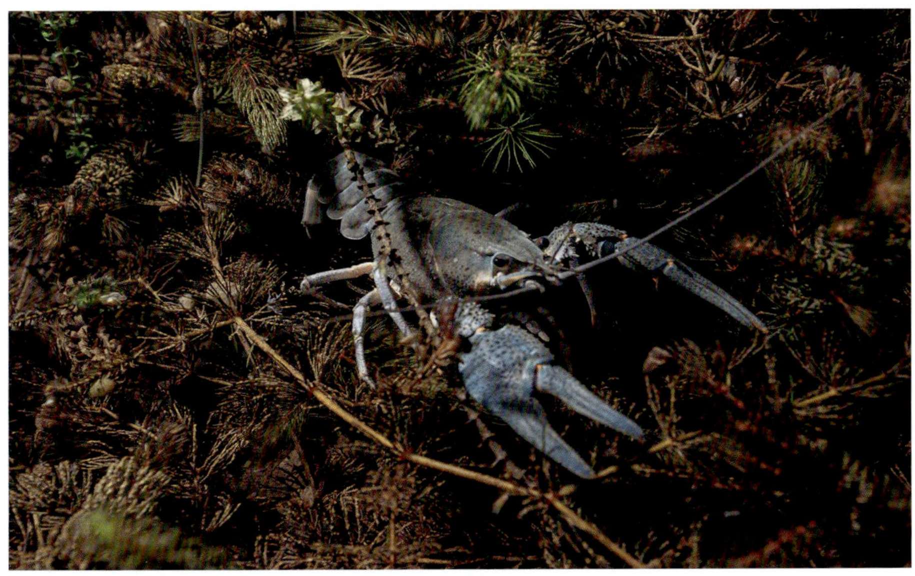

Edelkrebs (Astacus astacus), Lambertussee, Deutschland

5. Praxisübungen

Die Tauchgänge sollen vorzugsweise von Land (in strömungsfreiem Wasser bei maximal 15 Meter Tiefe) aus durchgeführt werden, sind aber auch vom Boot aus mit entsprechenden zusätzlichen Maßnahmen möglich. Der erste Tauchgang soll bei Durchführung von Land in sicherem und seichtem Ufergebiet ohne bzw. mit wenig Bewuchs (Pflanzen, Korallen) sowie bei Sonnenuntergang beginnen. Der zweite Tauchgang soll am nächsten Tag bei Dunkelheit beginnen und bereits selbständiges Handeln der Kursteilnehmer beinhalten. Grundsätzlich sollen nur Nullzeittauchgänge, keine Tief- und keine Strömungstauchgänge durchgeführt werden.

Es tauchen maximal zwei Kursteilnehmer mit einem Ausbilder in einer Gruppe. Jeder der beiden Tauchgänge muss von dem jeweiligen Kursteilnehmer als Gruppenleiter geführt werden. Die Gruppengröße, Tauchtiefe und Tauchzeit werden der Situation entsprechend vom Ausbilder festgelegt. Die Tauchgänge finden an zwei verschiedenen Abenden statt, damit ein Lerneffekt erzielt wird.

5.1 Tauchgänge

Vor dem ersten Tauchgang:

- Auswahl des Tauchplatzes für Nachttauchtauglichkeit
- Berücksichtigung der Uferverhältnisse und der Ein- und Ausstiegsmöglichkeiten, Orientierungsmöglichkeiten, irreführende Lichtquellen
- Beschreibung der Örtlichkeiten und der zu erwartenden Flora und Fauna für alle Teilnehmer
- möglichst vorher einen Tauchgang tagsüber an der Tauchstelle zum Einprägen der Unterwasserlandschaft
- Erstellen eines Notfallplanes

Erster Tauchgang (Dämmerungstauchgang)

- Kursteilnehmer als Gruppenleiter
- bei Sonnenuntergang beginnend
- Markieren der Einstiegsstelle
- Kontrolle aller Sicherheitsvorkehrungen
- besonders sorgfältiges Anlegen der Ausrüstung

- intensiver Check der Ausrüstung bei Licht
- auf Angst und Stress bei den Tauchern achten
- Tauchgang von mindestens 20 min Dauer, dabei
  - Geben und Deuten von Unterwasserzeichen mit der Lampe und im Lampenschein
  - Blendfreie Handhabung der Lampe für Tiere und Tauchpartner
  - Wahl eines einfachen Kurses, der vom Ausbilder grob vorgegeben wird
  - Orientierung anhand von Kompass, Gelände, Mond
  - Ende und Auftauchen an der markierten Einstiegsstelle
- anschließend Vergleich Luftverbrauch am Tag und bei Nacht
- Besprechung über Schwierigkeiten bei der Wahrnehmung von Tiefe, Zeit oder Entfernung und bei der Kontakthaltung zum Partner
- Besprechung der Unterschiede des Unterwasserlebens am Tag und bei Nacht

Ziel:

Der Kursteilnehmer soll einen Nachttauchgang unter Einhaltung aller Sicherheitsprinzipien und ökologischen Prinzipien führen und dabei den Ausgangspunkt wieder finden können, wobei der Beginn in der Dämmerung die Orientierung zunächst noch erleichtert.

Zweiter Tauchgang (Nachttauchgang)

- Kursteilnehmer als Gruppenleiter
- bei Dunkelheit beginnend, gleicher Tauchplatz wie beim ersten Tauchgang
- Markieren der Einstiegsstelle
- Kontrolle aller Sicherheitsvorkehrungen
- sorgfältiges Anlegen der Ausrüstung und Check bei Licht
- Tauchgang von mindestens 20 min Dauer wie beim ersten Tauchgang.
  Dabei Wahl eines Kurses mit mehreren Richtungsänderungen, die vom Ausbilder während des Tauchgangs vorgegeben werden.

Ziel:

Der Kursteilnehmer soll einen Nachttauchgang unter Einhaltung aller Sicherheitsprinzipien und ökologischen Prinzipien führen und dabei den Ausgangspunkt wieder finden können, wobei der Beginn in der Dunkelheit die Orientierung gegenüber dem ersten Tauchgang erschwert.

6. Ziel erreicht?

Das Ziel des Aufbaukurses Nachttauchen war, dass du in Theorie und Praxis mit der sicheren Planung, Vorbereitung und Durchführung von Nachttauchgängen vertraut gemacht wurdest und die ökologischen Grundlagen und Verhaltensweisen eines verantwortlichen Nachttauchganges kennst.

Mit diesem Kurs solltest du die Grundlagen des Nachttauchens erlernt haben, aber nur durch regelmäßiges Üben und Festigen des Erlernten wirst du selbst mit der gewünschten Sicherheit Nachttauchgänge durchführen und leiten können. Die eigentliche Erfahrung und Routine in den Abläufen erlangst du mit der Anzahl an Nachttauchgängen und den damit verbundenen immer wieder unterschiedlichen Gegebenheiten.

Ob du das Ausbildungsziel dieses Kurses erreicht hast, stellt dein Kursleiter zusammen mit deinen Ausbildern fest. Dies geschieht im theoretischen Teil in Form von Lehrgesprächen und im praktischen Teil durch zielorientierte Beobachtung. Durch das Rotationsprinzip von Teilnehmern und Ausbildern soll eine objektive Beurteilung und eine vielseitige Ausbildung gewährleistet werden.

Für die Lernerfolgskontrolle der theoretischen Inhalte kann eine mündliche oder schriftliche Abfrage erfolgen. Hierzu können die in diesem Buch zusammengestellten Fragen verwendet werden. Dein Kursleiter kann dir dazu entweder im Theorieunterricht einfache mündliche Fragen stellen oder einen kurzen schriftlichen Fragebogen zusammenstellen, um zu erkennen, ob du die vermittelten Themen verstanden hast. Du kannst die hier zusammengestellten Fragen auch zum Selbstcheck nutzen, indem du sie für dich beantwortest und mit der möglichen Lösung vergleichst.

6.1 Selbstcheck

Bei vorgegebenen Antworten können auch mehrere Antworten richtig sein.

1. Warum tauchen wir auch nachts?

a Nachts ist in der Regel weniger Tauchbetrieb am See.
b Nachts kann ich mir den Eintritt am See sparen.
c Manche Tiere sind nachtaktiv und zeigen sich somit nur bei Dunkelheit.
d Tagaktive Lebewesen sind im Schlaf auch zu beobachten, sollen aber nicht gestört werden.
e Schlafende Fische können nicht fliehen und daher leichter berührt werden.

2. Warum macht es Sinn, nachts zu tauchen?

a Nachtaktive Fische trauen sich aus ihren Verstecken heraus und sind frei schwimmend zu beobachten.
b Nachts herrscht eine bessere Sichtweite als tagsüber.
c Felsen und Steilwände erscheinen nachts besonders eindrucksvoll.
d Die Orientierung ist nachts einfacher.
e Die Farbenpracht von Gorgonien und Korallen ist nachts noch intensiver in der Wahrnehmung.

3. Welche Schwierigkeiten kommen bei Nachttauchgängen hinzu?

a Das Sehen ist eingeschränkt und nur im Schein der Lampen möglich.
b Nachts herrscht generell eine schlechtere Sichtweite unter Wasser.
c Das Anlegen der Ausrüstung ist bei Dunkelheit erschwert.
d Das Risiko, den Tauchpartner zu verlieren, ist bei einem Nachttauchgang erhöht.
e Es ist seltener möglich, nachts frei schwimmende Fische zu sehen.

4. Wie bereitest du einen Nachttauchgang vor?

a Idealerweise bei Neumond tauchen.
b Ein- und Ausstieg ist nur an dauernd von Laternen beleuchteten Stellen möglich.
c Das Tauchgewässer sollte bekannt sein und schon tagsüber betaucht worden sein.
d Ein- und Ausstieg wird mit Licht gekennzeichnet.
e Nachts kann beliebig lange und beliebig tief getaucht werden.

5. Was für Tauchgänge sollte man nachts nicht unternehmen?
a Tieftauchgang
b Beobachtungstauchgang
c Eistauchgang
d Trockentauchgang
e Dekotauchgang

6**. Welche Erfahrung müssen Taucher haben, die nachts tauchen möchten?**
a mindestens GDL***/DTSA***
b keine Tauchanfänger
c nur Taucher mit Erfahrung
d höchstens ein Nachttauchneuling pro Gruppe, der noch nie nachts getaucht hat
e mindestens 100 Tauchgänge

7. Was ist die maximale Gruppengröße bei Nachttauchgängen?
_____ Taucher

8. Wie viele Nachttauchneulinge sollen maximal in einer Dreiergruppe vorhanden sein?
______ Nachttauchneuling(e)

9. Welche Zusatzausrüstung eines Tauchers ist für Nachttauchgänge erforderlich?
Eine ___________ pro Taucher und eine __________________ pro Tauchgruppe.

10. Welche Ausrüstungsteile sind für Nachttauchgänge nicht unbedingt notwendig?
a Lampe
b Signalboje
c Schneidwerkzeug
d Leuchtstab
e Blitzer

11. Ordne den abgebildeten Lampen die richtigen Bezeichnungen zu:

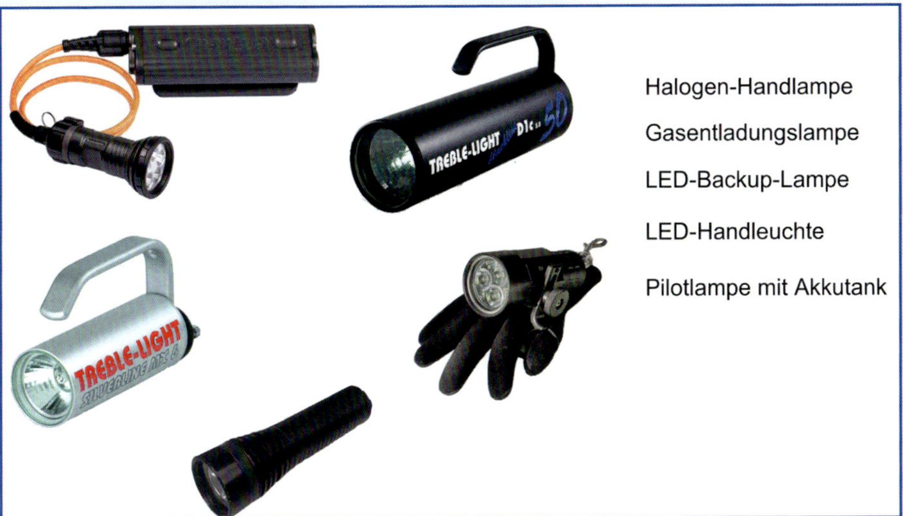

12. In jeder Tauchgruppen soll(en) mindestens _____ Reservelampe(n) vorhanden sein.
Moderne Lampen mit hoher Lichtleistung und niedrigem Stromverbrauch sind mit _________-Technik ausgestattet.
Besonders rücksichtsvolles Verhalten in Bezug auf Lärm gilt ___________ .

13. Welche Kriterien sind bei der Wahl des Tauchplatzes für einen Nachttauchgang relevant?
a bekannter Tauchplatz, der schon tagsüber betaucht wurde
b sicherer und einfacher Ein- und Ausstieg
c Bei Tauchgängen von Land muss eine Straßenlaterne am Einstieg vorhanden sein.
d möglichst einfache Orientierungsmöglichkeiten
e Sichtweite von mindestens zehn Metern

14. Was ist bei der Planung eines Nachttauchgangs zu beachten?
a Eine Aufstiegsübung im freien Wasser sollte eingeplant werden.
b Ein Ausrüstungscheck (außer Lampencheck) entfällt wegen der Dunkelheit.
c Die Tauchzeit wird begrenzt.

d Gruppenzusammensetzung nur aus erfahrenen Tauchern, höchstens ein Nachttauchneuling
e Die Tauchtiefe wird begrenzt.

15. Unter welchen Umständen ist es erlaubt nachts zu tauchen?
a Nachttauchen ist grundsätzlich überall dort erlaubt, wo es auch tagsüber erlaubt ist.
b Nachttauchen ist im Meer immer erlaubt.
c Nachttauchen ist nicht überall erlaubt, dies muss vor Ort erfragt werden.
d Ein Nachttauchgang muss angemeldet werden, falls dies am Tauchplatz vorgeschrieben ist.
e Nachttauchen ist nur bei Vollmond zulässig.

16. Markiere z.B. durch Kreuze, an welchen Stellen beim Nachttauchen von einem Boot Leuchtmarkierungen angebracht werden sollten.

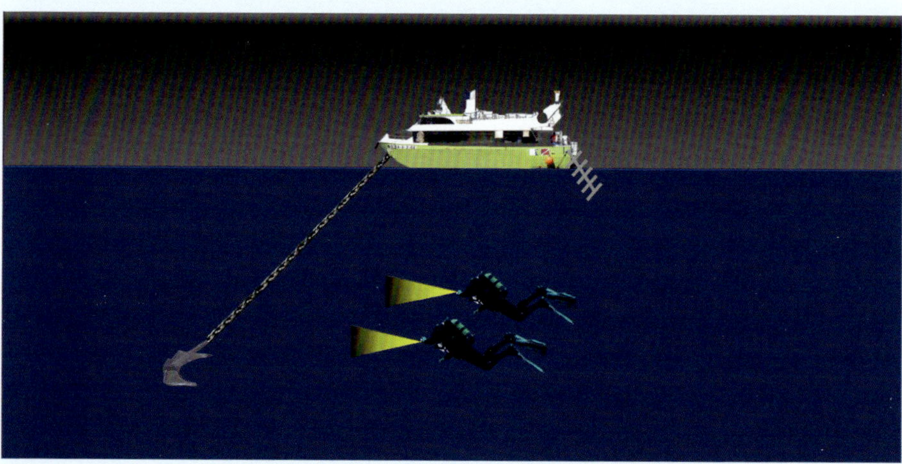

17. Was musst du besonders in der Tauchgangsvorbesprechung für einen Nachttauchgang ansprechen?
a Klärung ob eine Taucherlaubnis für den Nachttauchgang erforderlich ist
b Erkennen der Einstiegsstelle
c Geben von Unterwasserzeichen mit der Lampe
d Einhalten eines ausreichend großen Abstandes der Taucher voneinander
e Leuchtdauer der Lampen abfragen und Funktionscheck der Lampen

18. Ordne die Lichtsignale der entsprechenden Bedeutung zu:

Kreisende Bewegung nach vorne	Notsituation
Wiederholt schnelles Auf und Ab	Angabe von Zahlen
Anleuchten der Finger	Alles OK

19. Wie werden Unterwasserzeichen bei Nachttauchgängen gegeben?

a Es gibt keinen Unterschied zur Zeichengebung bei Tagtauchgängen.
b Ziffern werden angezeigt, indem genauso oft der Tauchpartner angeleuchtet wird.
c Unterwasserzeichen werden mit dem Lampenspot auf dem Boden gezeichnet.
d Unterwasserzeichen werden mit der Hand gegeben und so mit der Lampe angeleuchtet, dass gleichzeitig der Tauchpartner angeleuchtet wird und diese Zeichen sieht.
e Unterwasserzeichen werden mit der Hand vor der Brust gegeben und so mit der Lampe angeleuchtet, dass die Tauchpartner nicht geblendet werden.

20. Welche besonderen Unterwasser-Lichtzeichen können bei Nacht gegeben werden?

a Ziffern werden mit dem Lampenspot auf dem Boden gezeichnet.
b Das OK-Zeichen wird durch das Zeigen eines Kreises mit der Lampe angezeigt.
c Das Notsignal wird durch eine schnelle Auf- und Abwärtsbewegung der Lampe angezeigt.
d Das Notsignal wird angezeigt, indem dem Tauchpartner direkt in die Augen geleuchtet wird.
e Eine Luftmangelsituation wird durch Zeigen des mit der Lampe angeleuchteten Finimeters signalisiert.

21. Worauf musst du bei der Durchführung eines Nachttauchgangs achten?

a An der Ankerleine oder an einer Wand abtauchen, um einen Bezugspunkt zu haben.
b Nur bei Vollmond nachts tauchen.
c Tauchpartner nicht mit der Lampe blenden.
d Lampen nur unter Wasser einschalten, nicht oberhalb der Wasseroberfläche.
e Lampen unter Wasser nur einschalten, wenn es etwas zu sehen gibt.

22. Bei fehlender optischer Referenz

a kann nur bei Neumond getaucht werden, da dieser zur Orientierung völlig ausreicht.
b reicht es aus, meinem Gruppenführer hinterherzutauchen.
c muss der Kompass zur Hilfe genommen werden.
d kann auf den Kompass verzichtet werden, wenn man nicht tiefer als 10 m taucht.
e muss an die Oberfläche frei aufgestiegen und zurückgeschnorchelt werden.

23. Wie viele Personen müssen bei einem Nachttauchgang mindestens an Bord bleiben?

_____ Person(en)

24. Welche Verhaltensregeln gegenüber Tieren sind nachts zu beachten?

a Nicht direkt oder längere Zeit anleuchten.
b Licht dimmen oder indirekt anleuchten.
c Nichts berühren.
d Abstand halten.
e Mit guter Lichtstärke direkt anleuchten, um die nächtliche Farbenpracht zu sehen.

25. Was gilt bei Nachttauchgängen für die Tarierung?

a Wegen der schlechteren Sicht ist ein geringerer Abstand zum Grund einzuhalten.
b Wegen der geringeren Sicht neigt man zu geringeren Abständen, die aber eher zur Sedimentaufwirbelung führen.
c Nachts kann auf eine saubere Tarierung verzichtet werden, da Fische dies bei Dunkelheit nicht mitbekommen.
d Die Abschätzung der Tarierung und des Abstandes vom Boden ist für ungeübte Nachttaucher schwieriger.
e Nachts ist es wichtig sich besonders auf die Tarierung zu konzentrieren und das Aufwirbeln von Sediment sowie Bodenberührungen zu vermeiden.

6.2 Lösungen

1. c, d
2. a, c, e
3. a, c, d
4. c, d
5. a, c, e
6. b, c, d

7. max. 3 Taucher
8. max. 1 Nachttauchneuling
9. Eine *Lampe* pro Taucher und eine *Reservelampe* pro Tauchgruppe.
10. d, e

11.

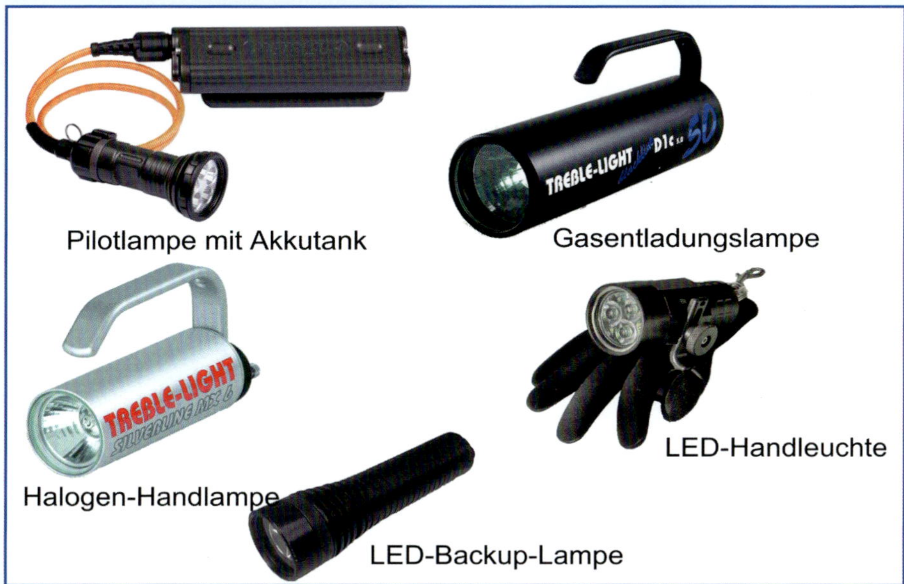

12. In jeder Tauchgruppen soll(en) mindestens *1* Reservelampe(n) vorhanden sein. Moderne Lampen mit hoher Lichtleistung und niedrigem Stromverbrauch sind mit

LED-Technik ausgestattet. Besonders rücksichtsvolles Verhalten in Bezug auf Lärm gilt *am Parkplatz*.

13. a, b, d
14. c, d, e
15. c, d

16.

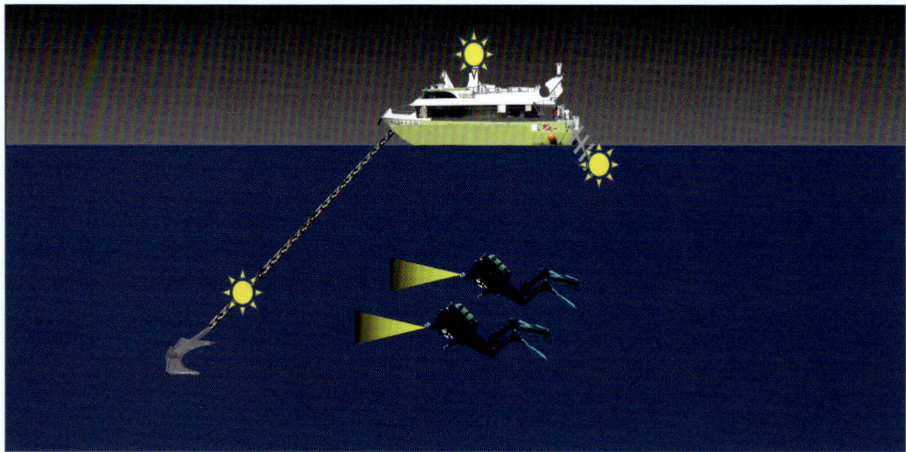

17. b, c, e

18. Zuordnung der Lichtsignale zu der entsprechenden Bedeutung:

Kreisende Bewegung nach vorne	» *Alles OK*
Wiederholt schnelles Auf und Ab	» *Notsituation*
Anleuchten der Finger	» *Angabe von Zahlen*

19. e
20. b, c
21. a, c, d
22. c
23. 1 Person
24. a, b, c, d
25. b, d, e

6.3 Abschluss und Beurkundung

Nach erfolgreicher Teilnahme erhältst du von deinem Ausbilder die Bestätigung.

Nachweise über die erfolgreiche Teilnahme an dem Aufbaukurs sind der offizielle VDST-Aufbaukurs-Einkleber für den Tauchpass und die VDST-AK-Karte.

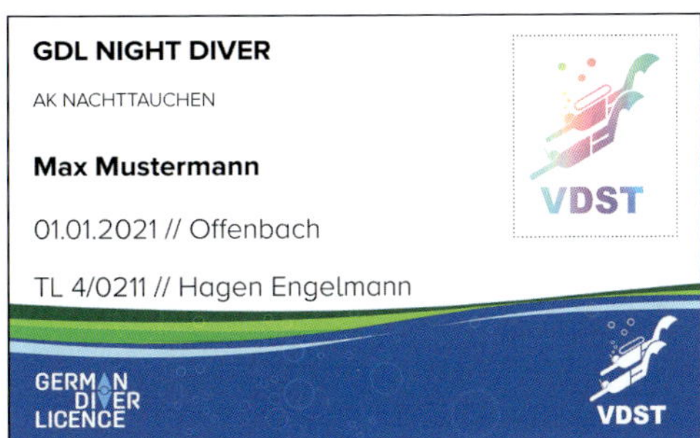

Einkleber GDL Night Diver / Aufbaukurs Nachttauchen

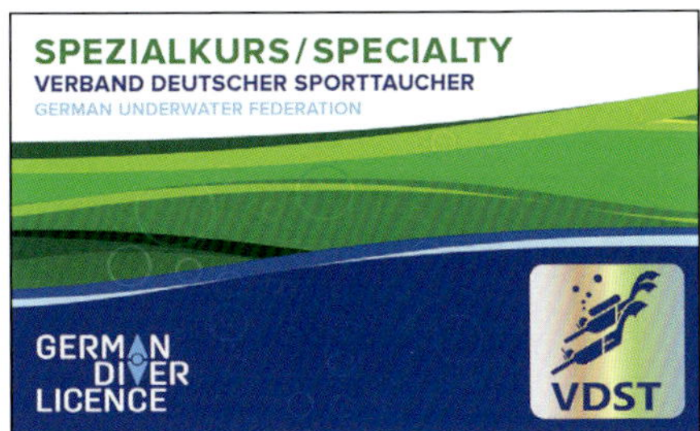

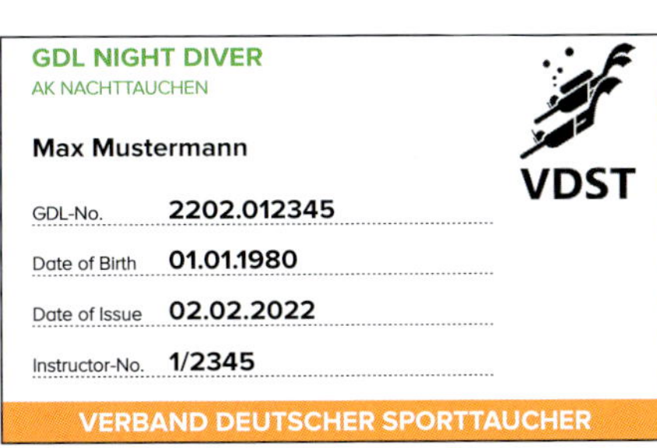

Karte GDL Night Diver / Aufbaukurs Nachttauchen

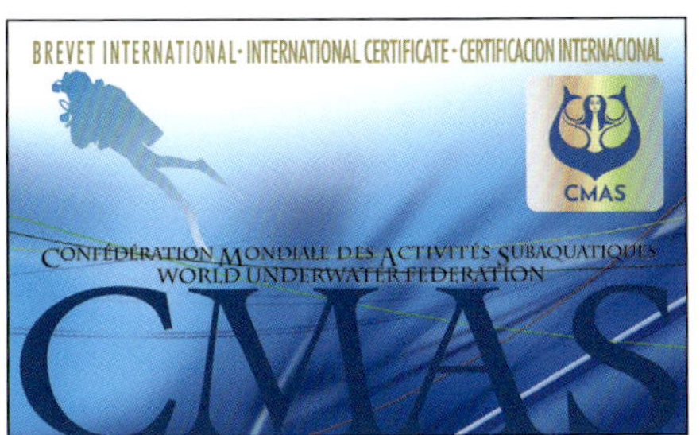

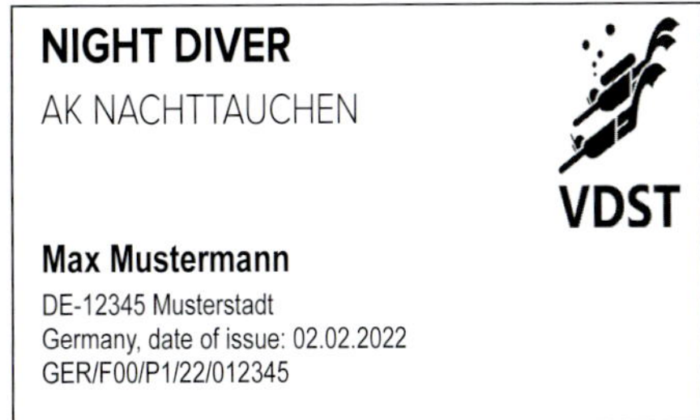

Karte CMAS Night Diver / Aufbaukurs Nachttauchen

Spezialkurs Trockentauchen

Wenn wir auch in der kalten Jahreszeit tauchen, dann möchten wir dabei nicht frieren. Es gibt auch viele Binnenseen und insbesondere Steinbrüche, die ab einer gewissen Tiefe ganzjährig kalt sind. Dem Kälteschutz kommt also gerade in unseren heimischen Seen eine besondere Bedeutung zu. Auch wenn ein guter Halbtrockentauchanzug schon einen guten Kälteschutz beim Tauchen gewährleistet, kann mit einem Trockentauchanzug, in den kein Wasser eindringt, ein noch besserer Schutz vor Kälte beim Tauchen erreicht werden.
Das Tauchen mit einem Trockentauchanzug ist jedoch nicht so wie mit einem Halbtrockentauchanzug. Es gibt sowohl bei der Ausrüstung als auch bei der Handhabung und bei der praktischen Anwendung Unterschiede, die besondere Kenntnisse und Fertigkeiten erfordern.

Im VDST-Spezialkurs Trockentauchen (GDL Dry Suit Diver, CMAS Drysuit Diver) werden diese theoretischen Kenntnisse und praktischen Fertigkeiten vermittelt, so dass du mit einem Trockentauchanzug sicher tauchen kannst. Daher ist dieser Spezialkurs Trockentauchen auch für das DTSA*** (GDL*** Dive Leader) als Voraussetzung empfohlen, denn als VDST-CMAS-Taucher*** führst du Gruppen auch unter schwierigen Bedingungen, insbesondere auch in kalten Gewässern.

1. Rahmenbedingungen

1.1 Voraussetzungen

Um an einem Spezialkurs Trockentauchen teilnehmen zu können, benötigst du einige Voraussetzungen. Dazu gehört eine gewisse Erfahrung in Form von Tauchgängen, die du in Nass- oder Halbtrockentauchanzügen gemacht hast. Die genauen Bestimmungen zu den Voraussetzungen können durchaus von Zeit zu Zeit verändert werden. Die jeweils aktuellen Voraussetzungen kannst du der VDST-Spezialkurs-Ordnung entnehmen.

Derzeit gelten die folgenden Voraussetzungen:

Mindestalter: 14 Jahre; bei Minderjährigen ist die Einverständniserklärung der Personensorgeberechtigten (in der Regel beider Elternteile) erforderlich.

Ausbildungsstufe: DTSA*; ersatzweise genügt eine vergleichbare Qualifikation entsprechend der VDST-Äquivalenzliste

Anzahl der Pflichttauchgänge: 40

Sonstiges: Gültige Tauchsportärztliche Untersuchung (TSU)

1.2 Organisatorischer Rahmen

Zum Spezialkurs Trockentauchen gehören zwei Theorieeinheiten und drei Tauchgänge, wobei die Übungen dieser Tauchgänge von jedem Kursteilnehmer durchzuführen sind. Dafür werden mindestens zwei Tage benötigt, idealerweise an zwei aufeinander folgenden Tagen zum Beispiel an einem Wochenende in einem heimischen Gewässer. Er ist aber auch im Rahmen eines längeren Aufenthaltes an einer Tauchbasis am Meer möglich, wenn dort das Trockentauchen praktiziert wird.

Die Anzahl der Teilnehmer sollte möglichst maximal doppelt so hoch sein wie die der Ausbilder, damit ein Verhältnis von einem Ausbilder zu zwei Teilnehmern erreicht wird.

Für den theoretischen Teil werden zwei Lerneinheiten angesetzt. Für den theoretischen Unterricht sollte möglichst ein geeigneter Unterrichtsraum vorhanden sein, der sich möglichst in der Nähe des Tauchgewässers befindet, falls der Unterricht nicht bereits an einem anderen Tag vorher stattfindet.

Die drei Tauchgänge können im Binnensee oder im Meer stattfinden. Optional können auch Vorübungen in einem Schwimmbecken (möglichst in der Nähe) durchgeführt werden. Das Tauchgewässer sollte möglichst gute Rahmenbedingungen hinsichtlich Sichtweite (möglichst 3 bis 5 m) und Topografie bieten, bei Tauchgängen im Meer möglichst keine Strömung oder Wellengang. Die Wassertiefe für die Tauchgänge sollte maximal 25 m betragen, und die Wassertemperatur sollte sich in einem Bereich von 4 bis 15 °C bewegen.

Falls der Kurs an einem Binnengewässer stattfindet, kann der Kurs nur bei passenden Rahmenbedingungen insbesondere hinsichtlich der Sichtweiten durchgeführt werden. Das Gewässer sollte auch über eine befestigte Zufahrt und einen einfachen umweltschonenden Einstieg verfügen. Im Rahmen des Kurses ist durch die Ausbilder eine Notfallorganisation vorzunehmen, d.h. es wird eine Tauchgangsliste geführt, Rettungsmittel stehen bereit und das Einleiten einer Rettungskette mit Notruf ist geklärt.

1.3 Ausbildungsziel

Du sollst in Theorie und Praxis mit der Bedienungs- und Bewegungstechnik beim Tauchen mit Trockentauchanzügen vertraut gemacht werden.
Nach Abschluss des Kurses sollst du

- größeres Vertrauen zum Trockentauchen und Kenntnisse über die Besonderheiten besitzen,
- mehr Sicherheit durch korrekte Handhabung und spezielle Übungstechniken erworben haben,

- die Einschätzung des Leistungsvermögens bei Nutzung des eigenen Trockentauchanzuges verbessert haben,
- einen anderen Trockentaucher retten können.

2. Warum ist eine spezielle Ausbildung im Trockentauchen wichtig?

Gerade beim Tauchen im Winter oder in kalten Gewässern über eine längere Zeit ist ein Trockentauchanzug aufgrund der vollständigen Abdichtung des Anzuginneren der ideale Kälteschutz.

Beim Tauchen in einem Halbtrockentauchanzug ist der Schutz vor Wärmeverlust schon recht gut. Die Wärmeabgabe durch Konvektion ist bei einem Halbtrockentauchanzug schon stark eingeschränkt gegenüber einem Nasstauchanzug. Die direkte Wärmeübertragung durch Wärmeleitung ist jedoch weiterhin gegeben, da Wasser in den Anzug eindringt. Einen wirklich guten Schutz vor Wärmeleitung bieten Gase, wie zum Beispiel Luft. Daher schützen uns Anzüge, in denen wir völlig trocken bleiben, noch besser vor Wärmeverlust.
Da sich das Trockentauchen vom Tauchen mit einem Halbtrockentauchanzug unterscheidet, bedarf es auch einer speziellen Ausbildung, die im Spezialkurs Trockentauchen vermittelt wird. Mit einem gut passenden Trockentauchanzug und entsprechender Übung kannst du dann in der Regel ähnlich tauchen wie im Halbtrockentauchanzug.

Das Üben der Handhabung in verschiedenen Situationen ist dazu jedoch erforderlich, denn das Tauchen im Trockentauchanzug unterscheidet sich durch die bauartbedingten Besonderheiten. Um einem Barotrauma durch die im Anzug eingeschlossene Luft vorzubeugen und eine in jeder Tiefe gute Isolation zu erreichen, ist jeder Trockentauchanzug als Konstantvolumenanzug ausgelegt. Das bedeutet, dass beim Abtauchen dem Anzug so viel Luft über einen Inflator zugeführt wird, dass der Volumenverlust aufgrund des Gesetzes von Boyle-Mariotte ausgeglichen wird. Umgekehrt dehnt sich die im Trockentauchanzug vorhandene Luft beim

Aufstieg aus und muss abgelassen werden. Dies erfolgt über ein Auslassventil, das in der Regel am Oberarm eingebaut ist. Somit muss neben dem Jacket ein weiterer Ausrüstungsgegenstand be- und entlüftet werden.

In den Trockentauchanzug wird jedoch nur so wenig Luft wie nötig gegeben, die eigentliche Tarierung erfolgt weiterhin über das Jacket. Das dient einerseits der besseren Beweglichkeit im Trockentauchanzug, andererseits kann über das Jacket wesentlich schneller bei einem Aufstieg die Luft abgegeben werden, wobei das Jacket zusätzliche Sicherheitsfunktionen erfüllt. Dies betrifft insbesondere die Unterstützung beim Aufstieg an die Wasseroberfläche bzw. beim Notaufstieg, die Rettung anderer Personen und die eigene Rettung, das Bergen von Sachen sowie das Schwimmen an der Wasseroberfläche und das Stabilisieren in einer sicheren Lage an der Wasseroberfläche. Alle diese Funktionen kann ein Trockentauchanzug allein nicht erfüllen.
Zwar muss durch die Verwendung des Jackets ein zweites Tariersystem bedient werden. Allerdings wird durch das Tarieren über das Jacket ein überschüssiger Luftvorrat im Trockentauchanzug vermieden, der nicht nur die Beweglichkeit behindert, sondern auch ungewollt zum Beispiel in die Beine steigen kann. Da dann die Beine auftreiben und dort keine Luft abgelassen werden kann, kann man in eine Art Kopfstand geraten, der nur mit gewissen Techniken wieder beseitigt werden kann, die deshalb vorher gelernt und geübt werden müssen. Auch bei einer Rettung kann zu viel Luft im Trockentauchanzug zu einer ungewollten Luftverteilung mit Lageveränderung führen, die eine Rettung erschwert oder gar misslingen lässt.

Die Besonderheiten und Verhaltensregeln beim Trockentauchen werden daher in diesem Spezialkurs ausgebildet und bedürfen auch einer regelmäßigen Übung, damit das Trockentauchen sicher beherrscht wird.

3. Grundlagen des Trockentauchens

3.1 Entwicklung des Trockentauchens

Die ersten Trockentauchanzüge wurden für das Helmtauchen als Helmtauchanzüge entwickelt. Daraus entstanden die in der Berufstaucherei verwendeten Helmtauchgeräte.

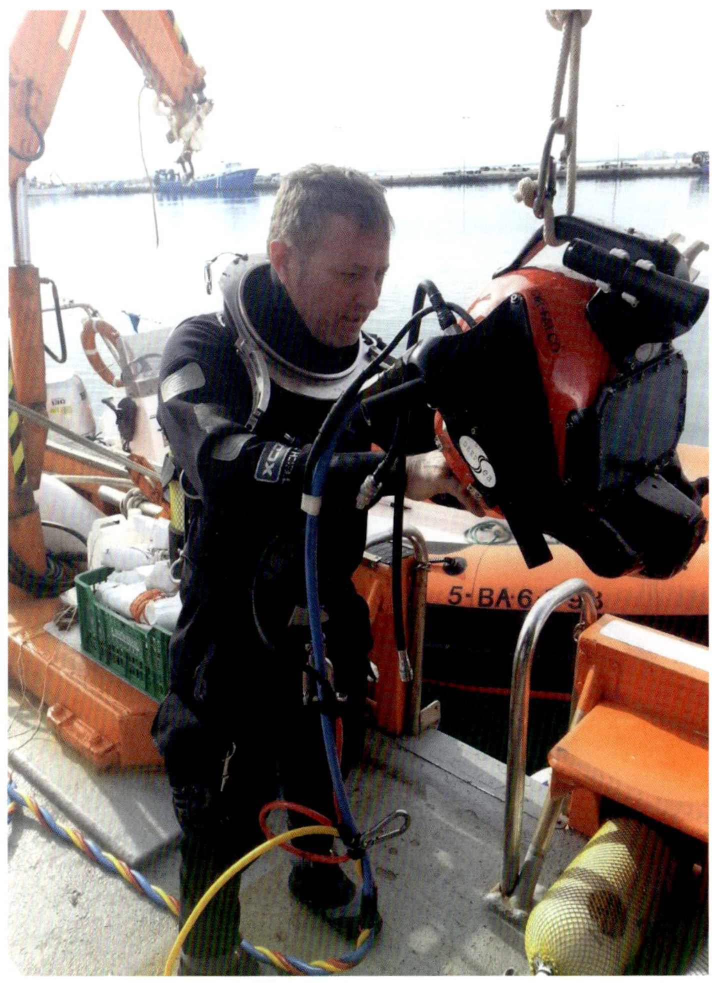

Ausrüstung zum Helmtauchen

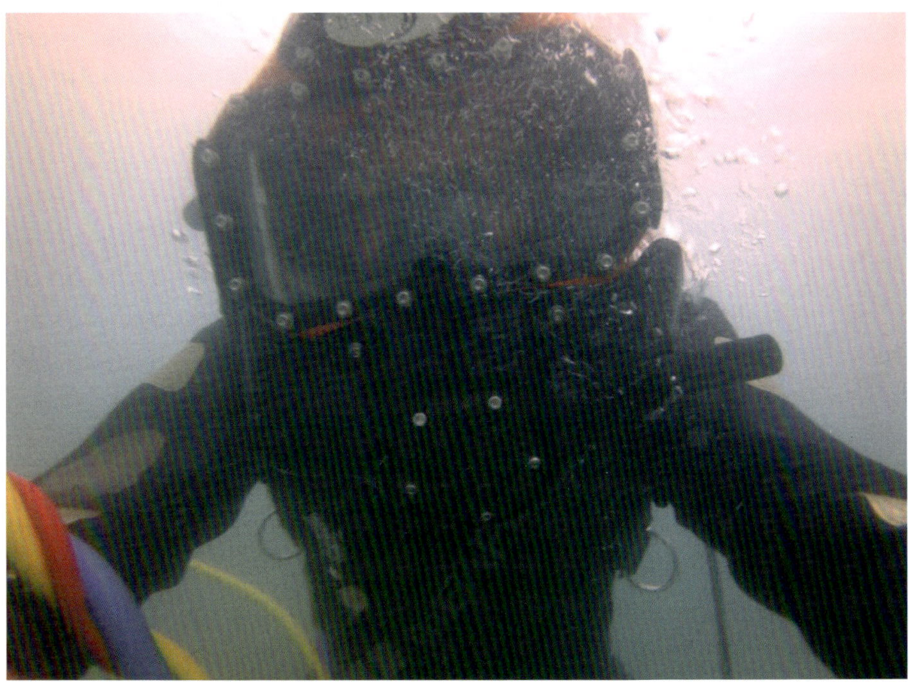

Helmtauchen

Für den Tauchsport wurden später den eigenen Anforderungen entsprechende Systeme zum Trockentauchen entwickelt.
Solche (Sport-)Trockentauchanzüge fanden zunehmende Verbreitung und werden vor allem in kalten Gewässern eingesetzt. Die anfangs üblichen Trockentauchanzüge aus Gummi und Neopren wurden im Laufe der Zeit durch modernere Materialien (z.B. Trilaminat) und Modelle mit mehr Beweglichkeit weiterentwickelt.

3.2 Wärmedämmeigenschaften und Wärmehaushalt

Formen der physikalischen und physiologischen Wärmeregulierung

Der Körper gibt im Wasser mehr Wärme ab als an der Luft. Zum Ausgleich der Wärmeabgabe wird im Körper neue Wärme produziert (thermische Energie). Während dieser Ausgleich an der Luft grundsätzlich gut reguliert werden kann, ist dies im Wasser eingeschränkt.

Wärme ist eine Form der Energie und ergibt sich aus der Geschwindigkeit, mit der sich die einzelnen Moleküle bewegen.

Wir unterscheiden die folgenden Arten der Wärmeabgabe:

- die Wärmeleitung, auch Konduktion genannt,
- die Wärmeströmung, auch Konvektion genannt,
- die Wärmestrahlung.

Die direkte Übertragung von Wärmeenergie von einem Körper an das angrenzende Medium (z.B. Luft oder Wasser) wird als **Wärmeleitung** bezeichnet. Durch direkte Berührung geben dann die Moleküle ihre Bewegungsenergie an das nächste Molekül ab, ähnlich wie die Kugeln beim Billard.

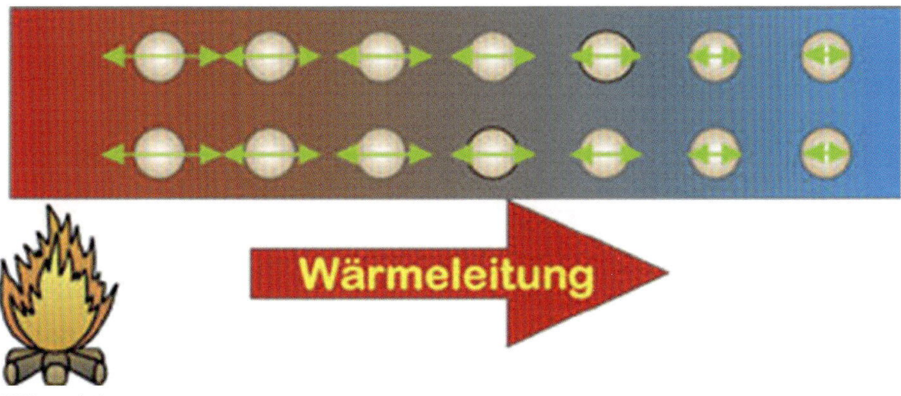

Wärmeleitung

Wenn wir mit unserem Körper im Wasser sind, geben wir so unmittelbar Wärme an das Wasser ab. Da das Wasser diese besser leitet als die Luft, ist der Wärmeverlust im Wasser deutlich höher als an der Luft. Schon bei 21 °C Wassertemperatur verliert ein unbekleideter Mensch im Wasser mehr Wärme, als der Körper neu produzieren kann.

Daher tragen wir beim Tauchen einen Tauchanzug. Hierzu verwenden wir meist Tauchanzüge aus Neopren, denn dieses aufgeschäumte Material enthält zum größten Teil kleinste Gasbläschen, und gerade Gase sind ein guter Schutz vor Wärmeverlust, weil sie die Wärme schlecht leiten.

Eine weitere Art der Wärmeabgabe ist die **Wärmeströmung**. Hier wird Wärme durch das umgebende Medium (z.B. Wasser oder Luft) weg transportiert. Das ist das Prinzip, wie man sich bei hohen Temperaturen Kühlung durch einen Ventilator oder Fächer verschafft. Beim Tauchen erfolgt die Wärmeabgabe durch Wärmeströmung, indem das uns umgebende und bereits erwärmte Wasser durch kaltes Wasser ersetzt wird. Auch beim Tauchen mit einem Tauchanzug geben wir so Wärme ab, wenn der Tauchanzug nicht gut sitzt und einen Wasseraustausch ermöglicht. Ein guter Sitz des Tauchanzuges ist daher zum Schutz vor Wärmeabgabe unerlässlich.

Schließlich wird Wärme auch durch **Wärmestrahlung** in Form von elektromagnetischen Wellen abgegeben. Auch die Sonneneinstrahlung ist eine Art der Wärmestrahlung. Unser Körper strahlt Wärme ab. Du kannst dies spüren, indem du z.B. deine Hand ganz nah vor das Gesicht hältst. Die Wärmeabgabe durch Strahlung können wir beim Tauchen jedoch bereits durch das Tragen eines Tauchanzuges weitestgehend ausschalten. Auch die Wärmeabgabe durch Schwitzen wird durch das Tragen des Tauchanzuges verhindert.

Was jedoch unter Wasser von Vorteil ist, kann über Wasser zu Problemen führen. Wenn wir den Tauchanzug bei hohen Außentemperaturen schon längere Zeit vor dem Tauchen anziehen, ist unsere notwendige Wärmeabgabemöglichkeit behindert und kann Hitzeprobleme zur Folge haben.

Auch über die Atmung geben wir einen großen Teil unserer Wärme ab. Während dies in Ruhe etwa 10 % unserer gesamten Wärmeabgabe ausmacht, kann sich die Wärmeabgabe über die Atmung mit zunehmender Tiefe sogar auf bis zu 40 % erhöhen.

Die Wärmedämmung durch einen Neopren-Tauchanzug nimmt mit zunehmender Tiefe ab, da der Tauchanzug wie jeder luftgefüllte Körper nach dem Gesetz von Boyle-Mariotte bei zunehmendem Druck an Volumen verliert, der Anzug wird also dünner. Einen besseren Schutz vor Wärmeabgabe stellen die Trockentauchanzüge dar, die einerseits über Dichtmanschetten an den Armen und am Kopf komplett ein Eindringen von Wasser und einen Wasseraustausch (Konvektion) verhindern, andererseits über Luftzufuhrmöglichkeiten ein konstantes Innenvolumen auch in unterschiedlichen Tauchtiefen ermöglichen.

Vorwiegend beim Tauchen in heimischen Binnenseen haben wir es mit Kälteeinflüssen zu tun. Im kalten Wasser schreitet die Unterkühlung schneller fort als an kalter Luft. Bereits nach einer Stunde in 1 °C kaltem Wasser sinkt die Körpertemperatur eines unbekleideten Menschen unter 25 °C. Die Thermoregulation des Körpers ist wichtig zur Erhaltung einer konstanten Körpertemperatur unabhängig von Temperaturschwankungen der Umgebung. Hierzu dienen verschiedene Arten der Wärmeabgabe durch Wärmestrahlung, Wärmeleitung (Konduktion) und Wärmeströmung (Konvektion), die auch bei der Verdunstung im Rahmen der Schweißproduktion wirkt. Der Körper reguliert die Wärmeabgabe und die Wärmeproduktion durch Verbrennungsvorgänge und Muskelarbeit so, dass die Betriebstemperatur konstant bleibt.

Wenn die verschiedenen Abwehrmechanismen des Körpers nicht ausreichen, den Wärmehaushalt auszugleichen, werden Sauerstoffverbrauch, Herzfrequenz und Blutdruck vorübergehend ansteigen, der Körper reagiert mit einer Querschnittsminderung der Blutgefäße. In dieser Phase sollte der Tauchgang abgebrochen werden, anderenfalls droht eine Unterkühlung.

Bei Andauern der Kältewirkung kann der Körper diese schließlich nicht mehr abwehren. Mit abnehmender Körpertemperatur sinken Sauerstoffverbrauch, Herzzeitvolumen, Herzfrequenz und Atemminutenvolumen. Die Durchblutung und die Aktivität des Gehirns nehmen ab, daraus ergeben sich die Symptome der Unterkühlung.

Erfordernis und Wirkung Kälteschutz beim Tauchen

Generell besteht beim Tauchen die Gefahr der Unterkühlung aufgrund der höheren Wärmeleitfähigkeit des Wassers. Es entsteht ein Temperaturgefälle zwischen Körper und Umgebung. Die Bewegung beim Tauchen bewirkt zwar eine verstärkte Wärmeproduktion des Körpers, begünstigt andererseits aber auch den Austausch erwärmter Wasserschichten um den Körper und somit die Wärmeabgabe durch Konvektion.

Die Verwendung von Nass- bzw. Halbtrockentauchanzügen als Kälteschutz bewirkt eine Verminderung von Konduktion durch Gasblaseneinschluss (Material), aber auch eine Verminderung von Konvektion durch reduzierte Wasserzirkulation (Passform).

Erfordernis und Bedarf Trockentauchanzug

Der Kälteschutz von Nass- und Halbtrockentauchanzügen ist unzureichend bei sehr kaltem Wasser.

Durch den Kontakt der Haut mit dem Wasserfilm im Anzug findet bereits ein anfänglicher Wärmeentzug statt. Mit zunehmender Tiefe nimmt nach dem Gesetz von Boyle-Mariotte das Volumen des Neoprens und damit die Isolierung ab (Wärmeabgabe durch Konduktion nimmt zu). Bei Halbtrockentauchanzügen verbleibt eine geringfügige Wasserzirkulation (begünstigt die Konvektion) durch die zwar engeren, aber bestehenden Öffnungen, auch bei Bewegung dringt neues Wasser durch die Manschetten ein.

Die Verwendung von Trockentauchanzügen hingegen reduziert durch die wasserdichten Manschetten die Konvektion auf ein Minimum, und auch die Konduktion wird durch die Luftschicht vermindert. Mit solchen Anzügen, in denen man völlig trocken bleibt, wird ein wesentlich besserer Schutz vor Wärmeverlust erreicht. Die eingeschlossene Luft bietet einen guten Schutz vor der Wärmeleitung. Durch die völlige Abdichtung mit Hilfe von Dichtmanschetten und einem gasdichten Reißverschluss bietet ein solcher Trockentauchanzug auch einen Schutz vor Konvektion. Die Wärmeabgabe über die Atmung und Wärmestrahlung hingegen ist ähnlich wie bei einem Halbtrocken- oder Nasstauchanzug.

Ein Trockentauchanzug

- ersetzt den Kontakt von Haut zu Wasser durch den Kontakt von Haut zu Luft,
- hält die Dicke der Luftisolierschicht (Konstantvolumen),
- schließt eine Zirkulation des hautumgebenden Mediums aus (100%-Abschluss durch wasserdichte Manschetten).

Die Verwendung eines Trockentauchanzuges erbringt also einen verbesserten Kälteschutz, dadurch generell einen Schutz der Gesundheit und zusätzlich eine

Verlängerung der Tauchsaison in die kalte Jahreszeit hinein. Die Handhabung ist nicht kompliziert, erfordert aber schon eine Ausbildung darin. Oftmals wird ein Trockentauchanzug nur teilweise, nämlich im Winter, genutzt. Nachteilig ist gegenüber einem Halbtrockentauchanzug, dass zusätzliche Ventile zu bedienen sind und dass die Investition recht teuer ist.

3.3 Konstruktion und Aufbau der verschiedenen Anzugtypen

Die generellen Anforderungen an einen Trockentauchanzug sind

- eine gute Passform, vor allem an den Beinen und Füßen,
- absolute Wasserdichtheit durch Dichtmanschetten, angesetzte Fußteile und einen gasdichten Reißverschluss,
- Konstant(innen)volumen (ansonsten Gefahr eines Barotraumas der Haut),
- Möglichkeit Lufteinlass (dosiert, ausreichend schnell),
- Möglichkeit Luftauslass (dosiert, ausreichend schnell, vollständig).

Zu unterscheiden sind Trockentauchanzüge aus den Materialien Gummi, Trilaminat und Neopren bzw. crushed Neopren. Während das Neopren bereits durch das Material mit den eingeschlossenen Gasblasen eine Wärmedämmung bewirkt, erfordern die dünnen Materialien Gummi und Trilaminat das Tragen eines Unterziehanzuges. Da bei jedem Trockentauchanzug jedoch Luft im Anzug eingeschlossen ist, unterliegt es nach dem Gesetz von Boyle-Mariotte bei Druckveränderungen einer Volumenveränderung. Beim Abtauchen nimmt mit zunehmendem Umgebungsdruck das eingeschlossene Volumen ab, und der Anzug presst sich immer enger an den Körper, so dass schmerzhafte Unterdruck-Barotraumen der Haut entstehen können, und die Bewegungsmöglichkeit wird dabei eingeschränkt.

Daher ist es bei Verwendung eines Trockentauchanzuges unabdingbar, dass dem Anzuginneren wieder Luft oder ein anderes Tariergas zugeführt werden kann, um das darin enthaltene Volumen auch bei Tiefenänderungen konstant zu halten. Daher sind Trockentauchanzüge immer als **Konstantvolumenanzüge** konstruiert. Um dem Anzuginneren beim Tauchen Luft oder ein anderes Tariergas zuzuführen, haben Trockentauchanzüge ein Einlassventil, das mit einem Inflatorschlauch wie das

Jacket mit dem Atemregler und dem DTG verbunden wird. Bei Verwendung eines anderen Tariergases mit anderen Isolationseigenschaften als Luft, z.B. Argon, erfolgt die Zuführung aus einer separaten Flasche. Da das im Anzug enthaltene Volumen sich beim Auftauchen auch wieder ausdehnt, muss es auch wieder abgelassen werden können. Dies geschieht mit Hilfe eines Auslassventils, das entweder manuell oder automatisch wie das Überdruckventil des Jackets wieder Luft oder Gas an die Umgebung abgibt. Der Ansprechdruck des Auslassventils kann in der Regel eingestellt werden. Die einstellbare Feder öffnet dann, sobald der Anzuginnendruck beim Auftauchen den Federdruck übersteigt. Durch Anheben des Arms gelangt verstärkt Luft dort hinein und öffnet das Ablassventil. Ein manuelles Ablassen kann durch Drücken mit der Hand auf das Ventil erfolgen.

Durch Ein- und Auslassen von Luft oder Gas kann so in jeder Tiefe erreicht werden, dass im Anzug das gleiche Volumen enthalten ist und so auch die Isolationseigenschaften gleich bleiben.

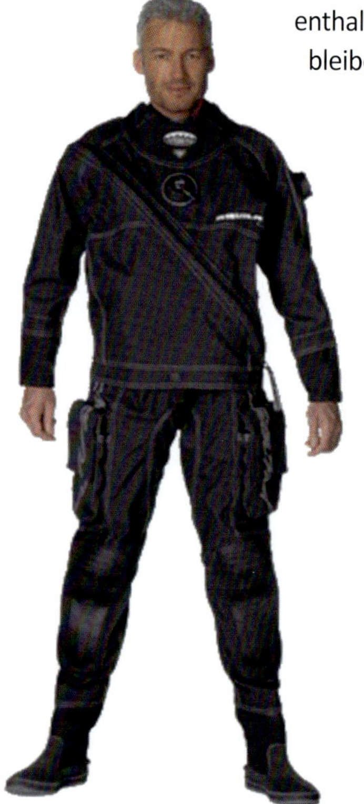

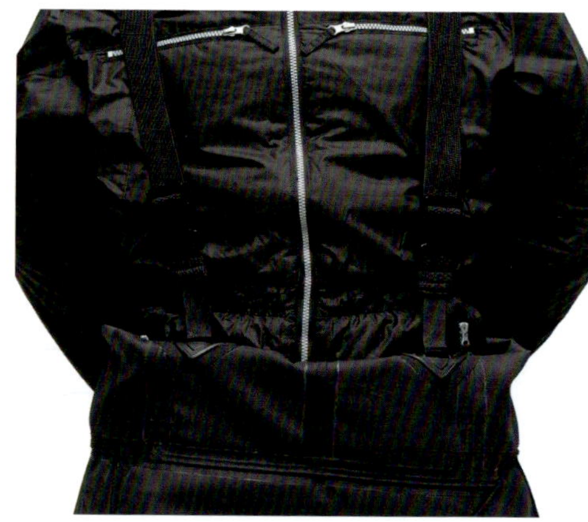

Hosenträger-Fixierung

Links: Trockentauchanzug aus Trilaminat

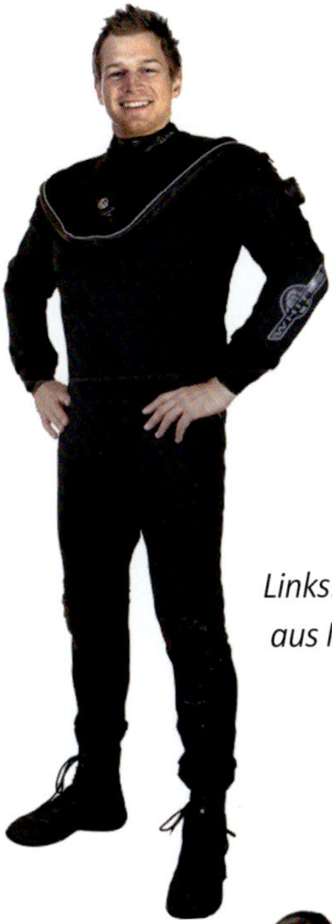

Links: Trockentauchanzug aus Neopren

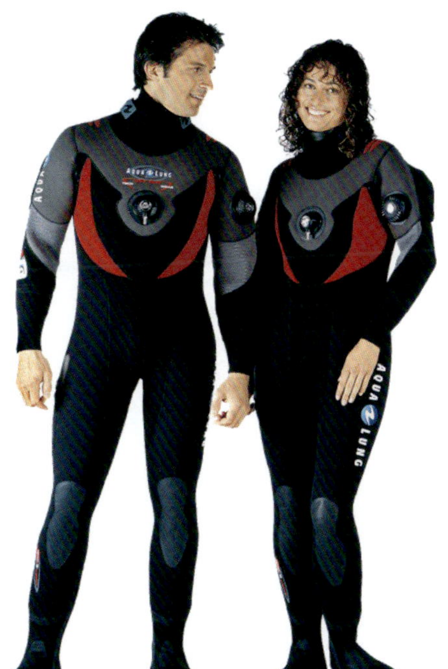

Oben rechts: Trockentauchanzug aus Crushed Neopren

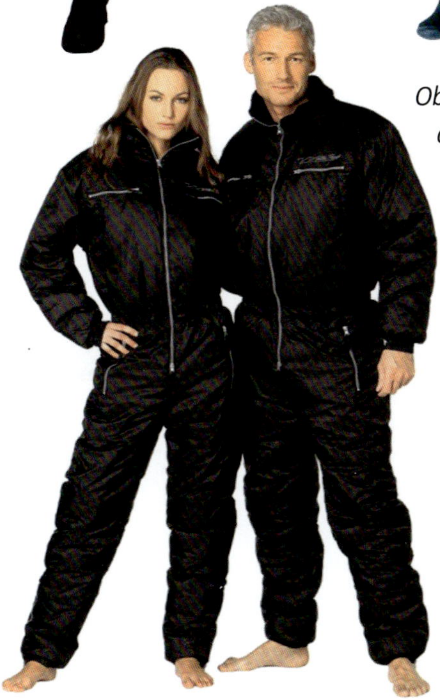

Unten links: Unterziehanzug mit Nylonbeschichtung und Thermofüllung aus Kunststoffhohlfasern

Vor- und Nachteile verschiedener Trockentauchanzüge

Trilaminat oder Gummi	Neopren oder Crushed Neopren
Dünnes, leichtes Material, wenig Platzbedarf	Dickes Material, Neopren meist 7 mm, Crushed Neopren etwa 3 bis 4 mm, mehr Platzbedarf
Keine Wärmedämmung durch das Material, daher hochwertiger Unterziehanzug erforderlich. Dicke des Unterziehanzugs kann je nach Außenbedingungen variiert werden (normal 300 – 400 g/m²). Wärmeisolation bleibt auch in größeren Tiefen konstant.	Gute Wärmedämmung bereits durch das Neopren auch ohne Unterziehanzug, lässt jedoch im tieferen Bereich nach. Dünne Unterziehwäsche zur Schweißaufnahme (wegen schnellerem Schwitzen). Crushed Neopren ist werksseitig bereits vorkomprimiert und dadurch eher steif, aber gute Wärmeisolation unabhängig von der Wassertiefe und sehr dünn und geschmeidig.
Leichtes An- und Ausziehen	An- und Ausziehen modellabhängig
Robuste und unempfindliche Außenhaut bei Trilaminat, Gummi wird auch beim Tauchen im industriellen Bereich nicht angegriffen.	Neopren ist oft empfindlicher gegen Beschädigungen. In der Regel außen und/oder innen kaschiert mit einem Nylon-Stretchgewebe als Materialschutz.
Leicht auch selbst zu reparieren.	Schwieriger zu reparieren, in der Regel durch Fachhandel.
Gute Beweglichkeit, wenn der Anzug genau passt, evtl. höherer Wasserwiderstand bei Falten.	Beweglichkeit abhängig von Bauart und Sitz des Anzugs.
Geringer Auftrieb, weniger Blei erforderlich in Abhängigkeit vom Unterziehanzug.	Höherer Auftrieb durch Neopren gerade in geringen Tiefen, lässt in größeren Tiefen nach.
Bei Wassereinbruch sind zum Notaufstieg äußere Hilfsmittel (Jacket) erforderlich, sonst Bleiabwurf.	Bei Wassereinbruch ist Notaufstieg wie bei einem Halbtrockentauchanzug möglich aufgrund des Neopren-Eigenvolumens.
Kurze Trockendauer	Längere Trockendauer

Damit ein Trockentauchanzug den Körper völlig wasserdicht umschließt, hat er enganliegende Dichtmanschetten an den Handgelenken und am Hals, während die Füße bereits in den Anzug eingeschlossen sind. Am Hals sollten Latexmanschetten verwendet werden, die auf den jeweiligen Halsumfang abgeschnitten werden und ohne Umschlagen so kaum noch Druck auf die Carotisarterie ausübt. Meist wird eine separate Neopren-Kopfhaube getragen, es gibt aber auch Anzüge mit angesetzter Kopfhaube und Abdichtung am Gesicht. Für den Kälteschutz der Hände gibt es neben den üblichen Neopren-Handschuhen auch wasserdichte Trockentauchhandschuhe.

Um in den Anzug steigen zu können und diese Öffnung wieder dicht zu verschließen, ist ein völlig gas- und wasserdichter Reißverschluss erforderlich.

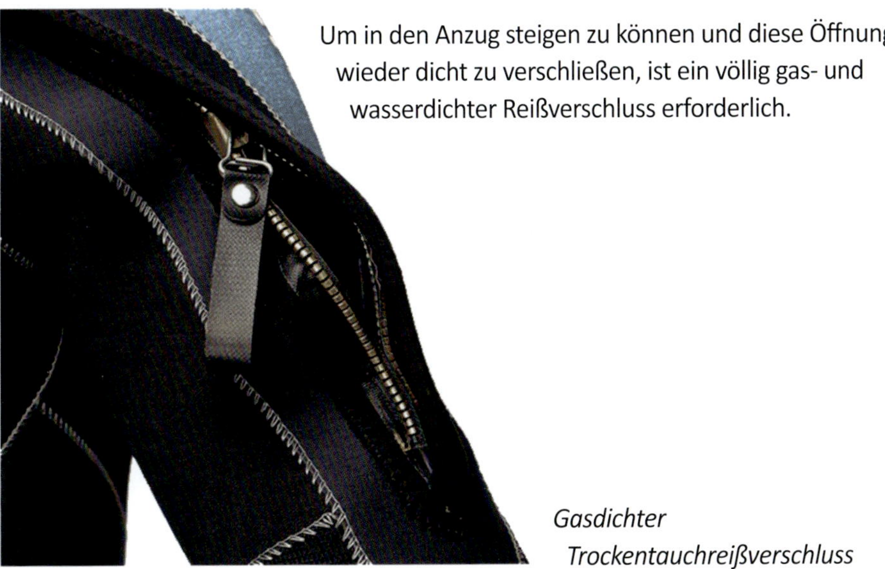

Gasdichter Trockentauchreißverschluss

Schon bei der Anschaffung eines Trockentauchanzugs ist daher wichtig, dass er möglichst gut und passgenau sitzt und gerade an den Beinen eng anliegt. Das Anprobieren erfolgt mit dem passenden Unterziehanzug. Dabei ist auch eine ausreichende Beweglichkeit erforderlich, das Knien in der Hocke, das Verschränken der Arme und das Erreichen der Ein- und Auslassventile sollte möglich sein. Das Material und die Dicke des Unterziehanzugs sollte dem Einsatzzweck und der Außentemperatur angepasst sein.

3.4 Funktionsweise und Leistungsmerkmale der verschiedenen Bauteile

Die Bauteile eines Trockentauchanzugs unterscheiden sich von denen eines Halbtrockentauchanzuges, daher ist vor der ersten Benutzung eine Einweisung erforderlich.
Dies sind:

- wasser- / gasdichte Anzughaut (Neopren oder Trilaminat/Membran),
- Dichtmanschetten an Hals und Handgelenken,
- angesetzte, enge Fußteile,
- gasdichter Reißverschluss (für Ein- / Ausstieg),
- Lufteinlassventil mit Verbindung zu DTG über Mitteldruckschlauch,
- Luftauslassventil (üblicherweise einstellbarer Ansprechdruck).

Die **Dichtmanschetten** können aus Neopren, Latex oder Silikon sein. Latex und Silikon sind dehnbarer und können sich daher flexibler an die Haut anschmiegen. Latex wird jedoch mit der Zeit porös und kann dann leichter reißen. Daher sind Manschetten auszutauschen, sobald Alterungserscheinungen auftreten. Anderenfalls besteht das Risiko, dass sie gerade beim Anziehen kurz vor dem Tauchgang einreißen.

Die Dichtmanschetten sind üblicherweise mit dem Anzug verklebt. Bei einem Austausch müssen die alten Manschetten mit den Kleberesten entfernt werden und die neuen sauber angesetzt werden, dies erfolgt idealerweise durch spezialisierte Reparaturwerkstätten. Die neuen Manschetten müssen jedoch zunächst an den Umfang des Halses und der Handgelenke angepasst werden. Dies erfolgt durch Ausmessen des Hals- und Armumfanges und anschließendes sauberes Abschneiden der neuen

Armmanschette (noch nicht abgeschnitten auf Durchmesser Handgelenk)

Manschetten gemäß Herstellerangaben. Hier sollte jedoch anfangs nicht zu viel abgeschnitten werden, besser kann nach dem Anprobieren nochmals nachgekürzt werden.

Es gibt auch Manschettensysteme, die mit einem Ringsystem an den Trockentauchanzug angeklickt werden können. Diese können bei einem Defekt ohne Werkzeug oder Kleben abgenommen und direkt vor Ort durch neue Manschetten ersetzt werden. Die Manschetten dichten durch ihr enges Anliegen an der Haut. Je nach Bauart und Hersteller werden die Manschetten gerade an Hals oder Armgelenk entlang gelegt oder am Ende noch einmal umgeschlagen.

Da sich die Hände bei einem Trockentauchanzug in der Regel außerhalb des abgedichteten Anzugs befinden und daher dem umgebenden Wasser ausgesetzt sind, werden sie wie beim Nasstauchen durch Neoprenhandschuhe vor Wärmeabgabe geschützt.

Es gibt aber auch die Möglichkeit, die Hände ebenfalls trocken zu halten. Hierzu werden **Trockentauchhandschuhe** verwendet, die wasserdicht an den Armen angesetzt werden. Um hier eine dichte Verbindung zum Trockentauchanzug herzustellen, gibt es verschiedene Systeme. Bei dem für den Austausch von Manschetten verwendeten Ringsystem können statt der Manschetten direkt Trockentauchhandschuhe an den Anzug angesetzt werden.

Weit verbreitet sind jedoch Systeme, bei denen die Manschetten am Anzug bleiben und ein Ringsystem angebaut wird, über das die Trockentauchhandschuhe erst später aufgesteckt werden. In diesem Fall befindet sich im Trockentauchhandschuh eingeschlossene Luft, die beim Abtauchen ihr Volumen verringert. Wie im Trockentauchanzug selbst muss daher auch im Handschuh für ein Konstantvolumen gesorgt werden, indem ein Druckausgleich zum Anzuginneren hergestellt wird. Dies kann beispielsweise durch kleine Gummischläuche unterhalb der Manschette erfolgen. Die Trockentauchhandschuhe selbst sind in der Regel aus Gummi und stellen selbst kaum einen Kälteschutz dar. Daher werden innerhalb der Trockentauchhandschuhe noch Unterziehhandschuhe aus einem flauschigen Stoff getragen.

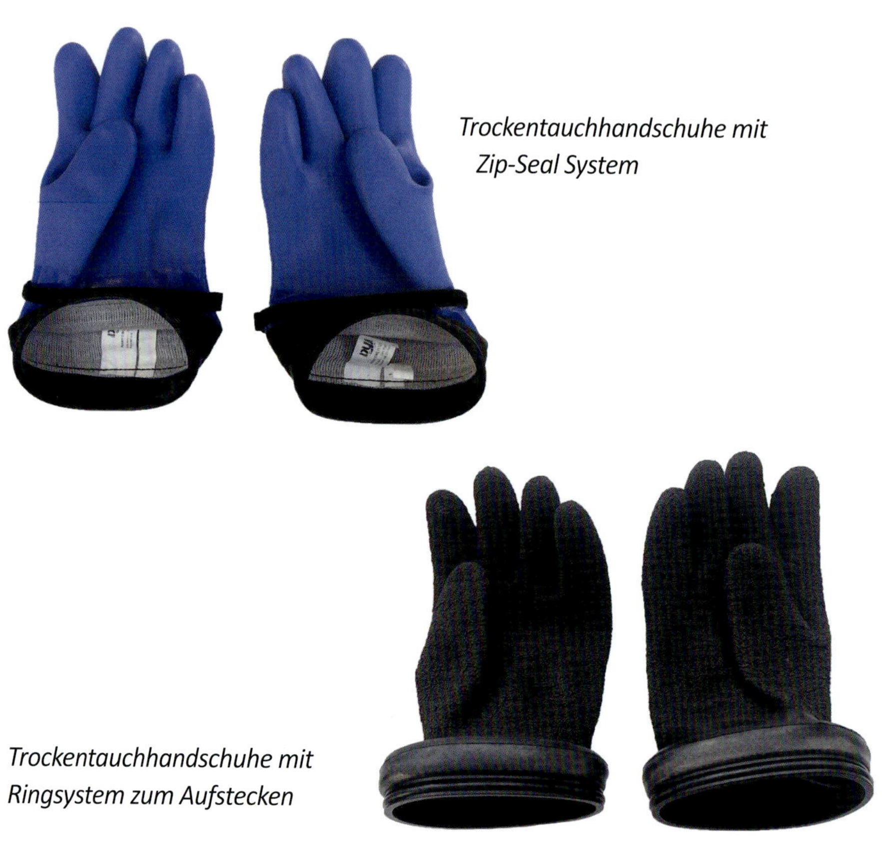

Trockentauchhandschuhe mit Zip-Seal System

Trockentauchhandschuhe mit Ringsystem zum Aufstecken

Damit im Trockentauchanzug ein konstantes Innenvolumen aufrecht erhalten werden kann, muss beim Abtauchen Luft zugeführt und beim Auftauchen abgelassen werden. Der **Lufteinlass** erfolgt über die Luft des DTG durch eine Verbindung mit dem Inflatorschlauch zwischen dem Mitteldruckabgang des Atemreglers und dem Einlassventil am Trockentauchanzug. Dieses befindet sich in der Regel im Brustbereich des Trockentauchanzugs und sollte frei zugänglich ohne Behinderung durch das Jacket erreichbar sein. Durch Druck auf den Einlassknopf wird dann stoßweise Luft in den Anzug gegeben. Die Bedienung des Einlassknopfes ist auch mit dicken Handschuhen zu gewährleisten.

Das **Auslassventil** sollte sich an einer möglichst hohen Position des Trockentauchanzuges befinden, damit keine Luft im Anzug eingeschlossen bleibt. In der Regel befindet sich das Auslassventil daher im Schulterbereich, meist an der linken Schulter bzw. am Oberarm. Bei manchen Modellen ist das Auslassventil auch an der Kopfhaube angebracht. Da die Kopfhaube bei den meisten Modellen jedoch nicht mit dem Anzuginneren verbunden oder gar separat angesetzt ist, findet man dies kaum noch. Die Montage am Arm hat auch den Vorteil, dass hier in der Regel ein Automatikventil eingesetzt wird, bei dem durch Anheben des Armes der Überdruck durch das Ventil entweicht und durch Senken des Armes wieder angehalten wird. Ein solches automatisches Ventil hat den Vorteil, dass zum Bedienen keine zusätzliche Hand benötigt wird. Bei einem manuellen Auslassventil hingegen wird durch Druck auf den Auslassknopf mit der anderen Hand die Luft abgelassen. Der Ansprechdruck eines automatischen Auslassventils kann durch Drehung am Einstellring angepasst werden. Dabei wird die Feder mehr oder weniger vorgespannt. Darüber hinaus kann auch ein automatisches Auslassventil durch Druck auf den Auslassknopf manuell betätigt werden.

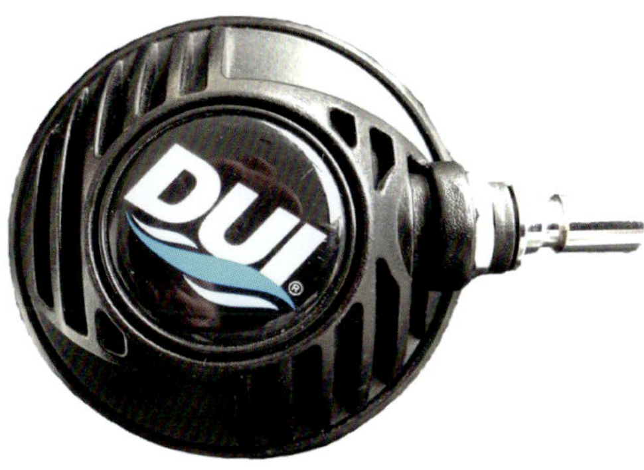

Einlassventil

Die Bedienbarkeit von Ein- und Auslassventil sollte mit vollständiger Ausrüstung vor dem ersten Einsatz ausprobiert werden. Wichtig ist dabei, dass die Ventile nicht durch das Jacket verdeckt oder deren Bedienung behindert wird. Die Schläuche sollten so gelegt werden, dass sie sich nicht mit anderen Atemreglerschläuchen kreuzen oder gar

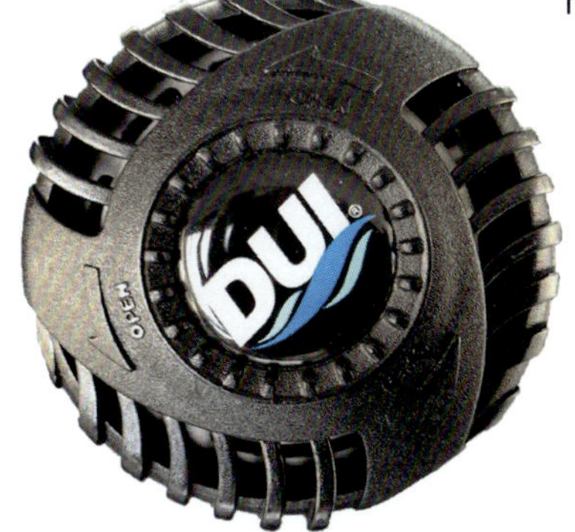

Auslassventil

deren Abgabe behindern. Die Montage der Schläuche an den Atemreglern erfolgt gemäß der Konfigurationshinweise in den VDST-Ausrüstungsstandards. Dabei ist auch darauf zu achten, dass Atemregler verwendet werden, die über zusätzliche Mitteldruckabgänge verfügen.

Die Pflege der Latex-Dichtmanschetten erfolgt mit Talkum. Der Reißverschluss wird regelmäßig mit Paraffin oder Wachs eingerieben und sollte zugunsten einer längeren Haltbarkeit so selten wie möglich geschlossen und geöffnet werden.

4. Trockentauchen in der Tauchpraxis

4.1 Bedienung und Handhabung von Trockentauchanzügen

Um in den Trockentauchanzug zu gelangen, wird ein **Ein- und Ausstieg** benötigt, also ein ausreichend großer Durchlass, um mit dem gesamten Körper hindurch in den Anzug zu gelangen. Dies kann auf unterschiedliche Arten entstehen. Je nach Anzugtyp erfolgt der Einstieg von hinten, von vorne oder diagonal.

Damit durch diesen Durchlass beim Tauchen kein Wasser in den Trockentauchanzug gelangt, muss er nach dem Einsteigen wieder wasserdicht verschlossen werden. Dies erfolgt durch einen wasserdichten **Reißverschluss**. Je nach Anordnung des Reißverschlusses kann dieser alleine oder nur mit Hilfe des Tauchpartners geschlossen und geöffnet werden. Der Reißverschluss ist ein wesentliches Bauteil des Trockentauchanzuges und muss sorgfältig behandelt werden, da bei einer Undichtigkeit Wasser in den Anzug gelangt. Es gibt Reißverschlüsse aus Metall oder aus Kunststoff. Metallreißverschlüsse sind zwar robuster, erfordern jedoch für eine gute Gleitfähigkeit ein regelmäßiges Auftragen von Wachs oder Paraffin. Da bei jeder Benutzung des Reißverschlusses feinster Abrieb entsteht, hat der Reißverschluss eine von der Anzahl der Schließvorgänge abhängige Haltbarkeit und somit eine begrenzte Nutzungsdauer.

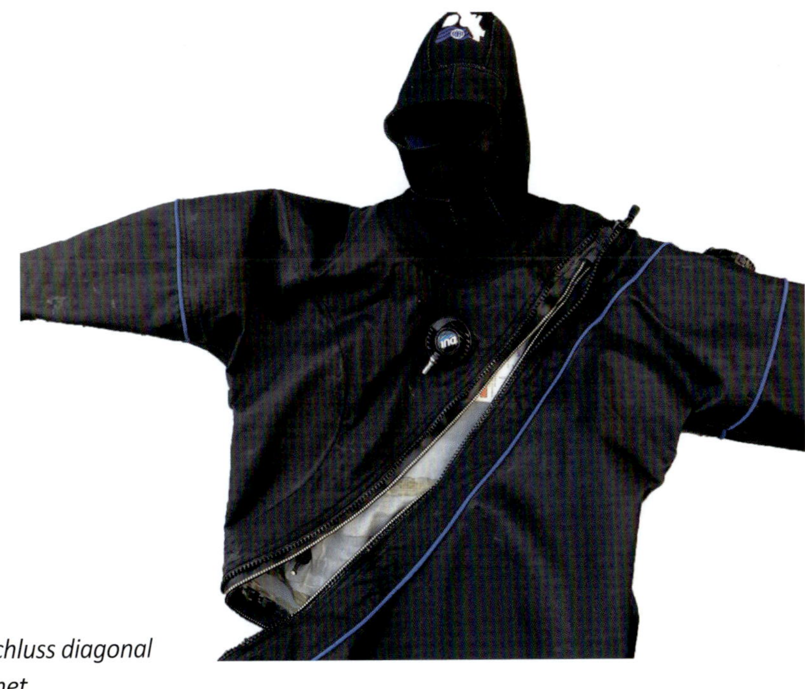

Reißverschluss diagonal angeordnet

Das **Schließen und Öffnen** des Reißverschlusses sollte vorsichtig gegebenenfalls mit Hilfe des Tauchpartners erfolgen, indem das Ende festgehalten wird und der Schieber langsam und nicht ruckhaft von dem Ende weggezogen wird. Dabei ist darauf zu achten, dass die Dichtlippen sauber aneinander liegen und keine Verunreinigungen oder Teile des Unterziehanzugs dazwischen gelangen, da sonst Undichtigkeiten entstehen. Beim Schließen ist darauf zu achten, dass das der Schieber auch wirklich bis zum Anschlag geschoben wurde. Manche Anzugtypen haben noch einen zweiten Schutzreißverschluss, der nicht wasserdicht ist, sondern nur den eigentlichen Reißverschluss vor Beschädigung schützen soll.

Die **Dichtigkeit** des Trockentauchanzugs muss neben dem Reißverschluss für den Ein- und Ausstieg auch an allen anderen Durchlässen gewährleistet sein. Wie kann dies also im Unterschied zu einem Nasstauchanzug an Kopf, Armen und Beinen gewährleistet werden?

Die Abdichtung der Beine ist einfach möglich, indem Trockentauchanzüge fest angesetzte Fußteile haben, in die von oben eingestiegen wird. Damit diese Fußteile nicht zu einer Schwachstelle für Undichtigkeit zum Beispiel beim Laufen über spitze Steine wird, sind diese entweder mit einer Laufsohle ausgestattet, oder es werden noch stabile Schuhe (so genannte Rock Boots) über die Anzugfüßlinge gezogen.

An den Händen kann dieses Prinzip der Abdichtung nicht so angewendet werden, da die Hände und die Finger sowohl beim Anziehen als auch beim Tauchen benutzt werden und dafür eine gewisse Fingerfertigkeit erforderlich ist. Das Grundprinzip bei Trockentauchanzügen ist daher die Abdichtung an den Handgelenken durch eng anliegende und wasserdichte **Armmanschetten** aus Latex, Silikon oder Neopren. Damit die Hände beim Anziehen einfacher durch die Manschetten gleiten und vor allem zur regelmäßigen Pflege sollten die Manschetten vorher mit Talkum eingerieben werden. Je nach Modell bleiben die Manschetten glatt anliegend am Handgelenk oder werden einmal umgeschlagen.

Das gleiche Dichtprinzip gilt für den Hals. Auch hier erfolgt die Abdichtung durch eine eng anliegende und wasserdichte **Halsmanschette** aus Latex, Silikon oder Neopren, die je nach Material vor dem Gebrauch mit Talkum eingerieben werden sollte. Auch die Halsmanschette bleibt je nach Modell glatt anliegend am Hals oder wird einmal umgelegt.

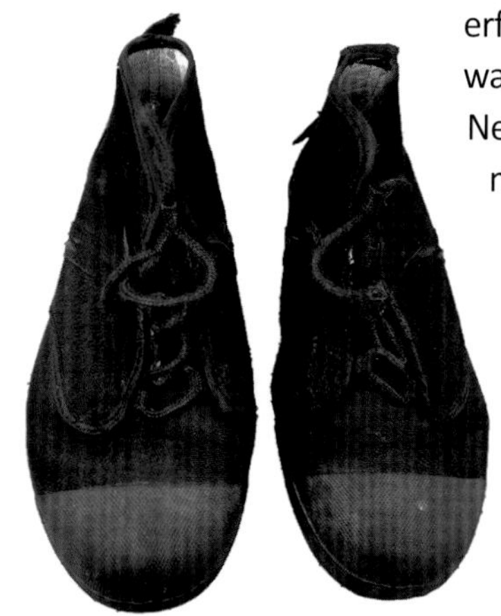

Rock Boots

Die Möglichkeiten zur Verwendung von Ringsystemen und Trockentauchhandschuhen wurden bereits im Abschnitt 3.3 erläutert.

Auch beim Ausziehen des Trockentauchanzuges ist Vorsicht geboten, damit nicht versehentlich die Manschetten reißen. Bevor der Kopf durch die Halsmanschette gezogen wird, greift man von oben in die Halsmanschetten bis zum Ansatz am Anzug und zieht diese leicht auseinander. Dann wird die so etwas geweitete Manschette vorsichtig über den Kopf gezogen. Auch die Armmanschetten sollten entsprechend vorsichtig und unterstützt

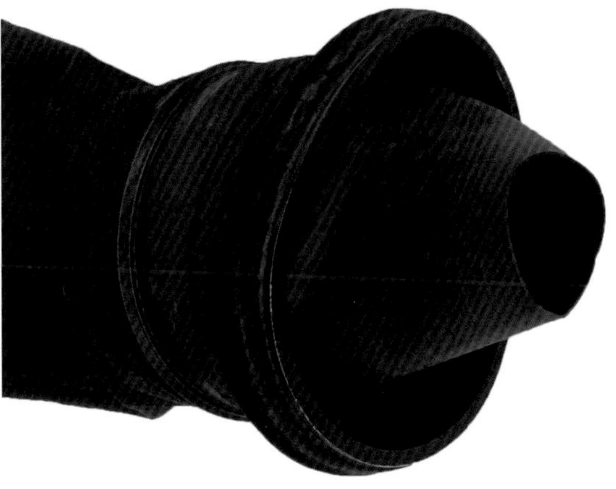

Armmanschette

durch Hineingreifen mit der anderen Hand abgezogen werden. Ruckhaftes Ziehen sollte dabei unterlassen werden.

Das **Lufteinlassventil** befindet sich in der Regel im Brustbereich des Anzuges und ermöglicht, dass durch einen Druckknopf Luft aus dem DTG oder Tariergas aus einer separaten Tariergasflasche in den Anzug gelassen wird. Beim Ausrüstungscheck ist darauf zu achten, dass auch der Inflatorschlauch für den Trockentauchanzug angeschlossen ist und nicht die Abgabe der Atemreglerschläuche behindert. Das Lufteinlassventil muss leicht zugänglich sein und nicht durch das Jacket verdeckt werden.

Das **Luftauslassventil** befindet sich meist am Oberarm. Der Ansprechdruck kann durch einen Drehring eingestellt werden. Die Funktion des Auslassventils kann nach dem Anziehen des Trockentauchanzugs auch geprüft werden, indem du langsam in die Hocke gehst. Die Luft im Anzuginneren wird dadurch zusammengedrückt und versucht zu entweichen. Dies sollte über das Auslassventil erfolgen. Geschieht das nicht, sollte überprüft werden, ob das Auslassventil noch durch den Einstellring geschlossen ist, und das Ventil sollte durch Drehen des Ringes so geöffnet werden, dass die Luft leicht entweicht. Das Entweichen der Luft erfolgt bei den meisten Ventilen automatisch durch den Überdruck. Bei manuellen Auslassventilen wird die Luft durch Druck auf den Knopf am Auslassventil abgelassen. Dies erfordert aber den Einsatz der Hand.

Die **Passform und Beweglichkeit** sollte bereits bei der Anschaffung des Trockentauchanzuges geprüft worden sein. Das Knien in der Hocke, das Verschränken der Arme und das Erreichen der Ein- und Auslassventile sollte auch mit dem Unterziehanzug möglich sein.

Auch beim Trockentauchen gilt, dass nur so viel Blei wie nötig mitgenommen wird. Zur Wahl der richtigen **Bleimenge** wird wie beim Nasstauchen gecheckt, ob du bei leerem Jacket und leerem Trockentauchanzug beim Ausatmen absinkst und beim Einatmen noch mit dem Kopf bis unter der Nase aus dem Wasser kommst. Die Gefahr des Überbleiens besteht gerade auch beim Trockentauchen. Leicht erhöhte Bleimengen („Komfortblei") erhöhen das Luftvolumen im Anzug und damit die Wärmeisolierung und die Beweglichkeit, erschweren aber die Lufteinlass- und auslassmenge und damit die Tarierung, gerade bei Aufstiegen im Freiwasser.

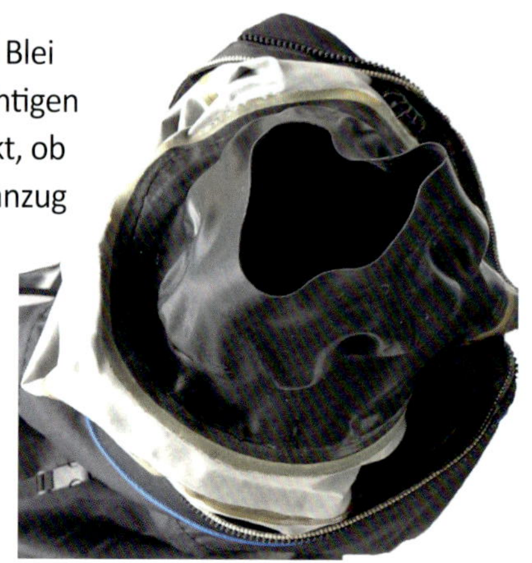

Halsmanschette

Während des Tauchgangs wird durch Lufteinlass und Luftauslass für ein konstantes Innenvolumen gesorgt, um druckbedingte Hautbarotraumen oder Hämatome zu vermeiden.

Die ideale Wasserlage beim Trockentauchen ist waagerecht mit angewinkelten Unterschenkeln. Zum Luftablassen kann der Oberkörper leicht nach oben geneigt werden, oft reicht auch schon ein leichtes Heben des Oberarms mit dem Auslassventil.

Praktische Hinweise zum Trockentauchen:
Das Trockentauchen bietet durch den besseren Kälteschutz Vorteile bei niedrigen Wassertemperaturen, längeren Tauchgängen, und größeren Tauchtiefen.
Bei niedrigen Außentemperaturen hat es auch den Vorteil, dass die Taucher beim Umziehen trocken bleiben und durch die trockene Unterziehkleidung auch an der Luft gegen Kälte geschützt bleiben.
Bei höheren Außentemperaturen hingegen ist darauf zu achten, dass durch die beschränkte Wärmeabgabe der Körper keine Hitzeschäden erleidet. Der Trockentauchanzug sollte dann erst kurz vor dem Tauchgang angezogen und geschlossen werden, lange Fußwege im Trockentauchanzug sind zu vermeiden.

Wird gemeinsam mit Nass- oder Halbtrockentauchern in einer Tauchgruppe getaucht, so bestimmen diese die Tauchdauer, da sie in der Regel eher frieren.

Beim Trockentauchen kann sich die Wasserlage durch Luftverlagerungen verändern. Daher ist bei Tiefenänderungen auf eine rechtzeitige Luftzu- oder -abgabe zu achten, um nicht ungewollt in eine Lage zu kommen, aus der das nicht mehr so leicht möglich ist.

Aus Sicherheitsgründen wird auch beim Trockentauchen immer ein **Jacket** getragen. Das Jacket dient nicht nur zum Tarieren, sondern es erfüllt wichtige **Sicherheitsfunktionen**. Dies betrifft insbesondere die Unterstützung beim Aufstieg an die Wasseroberfläche bzw. beim Notaufstieg, die Rettung anderer Personen und die eigene Rettung, das Bergen von Sachen sowie das Schwimmen an der Wasseroberfläche und das Stabilisieren in einer sicheren Lage an der Wasseroberfläche. Alle diese Funktionen kann ein Trockentauchanzug allein nicht erfüllen. Das Jacket ist so zu wählen, dass alle Ventile des Trockentauchanzuges betätigt werden können.

Wie bereits im Abschnitt 2 erläutert wurde, wird in den Trockentauchanzug nur so wenig Luft wie nötig gegeben, die eigentliche Tarierung erfolgt weiterhin über das Jacket. Das dient einerseits der besseren Beweglichkeit im Trockentauchanzug, andererseits kann über das Jacket wesentlich schneller bei einem Aufstieg die Luft abgegeben werden. Zwar muss durch die Verwendung des Jackets ein zweites Tariersystem bedient werden. Durch das hauptsächliche Tarieren über das Jacket wird aber vermieden, dass sich ein überschüssiger Luftvorrat im Trockentauchanzug befindet, der nicht nur die Beweglichkeit behindert, sondern auch ungewollt in andere Anzugbereiche wie zum Beispiel in die Beine steigen kann. Da dann die Beine auftreiben und dort keine Luft abgelassen werden kann, kann man in eine Art Kopfstand geraten, der nur mit gewissen vorher zu übenden Techniken wieder beseitigt werden kann. Auch wenn diese Techniken beherrscht werden, stellt sich das Problem von Luftumverlagerungen ebenso bei Notaufstiegen oder bei der Rettung von Trockentauchern. Bei einer Rettung kann zu viel Luft im Trockentauchanzug zu einer ungewollten Luftverteilung mit Lageveränderung führen, die eine Rettung erschwert oder gar misslingen lässt.

Übungen im Trockentauchanzug wie zum Beispiel ein kontrollierter Aufstieg erfordern zusätzliche Fertigkeiten und müssen daher vorher trainiert werden. Dies sollte wegen der damit verbundenen Schwierigkeiten vorsichtig und behutsam und unter Aufsicht von erfahrenen Ausbildern erfolgen.

mögliches Problem	Bewältigung
Luftauslassventil verstopft	Luft alternativ durch Hals- oder Armmanschette ablassen
Lufteinlassventil verstopft	keine Tarierung durch Lufteinlassen mit dem Anzug möglich Tarierung nur über das Jacket kein Tiefertauchen möglich (sonst Unterdruckbarotrauma im Anzug), Austauchen!
Lufteinlassventil klemmt in geöffneter Stellung	andauernde Luftfüllung in den Anzug unterbrechen durch sofortiges Abziehen des Inflatorschlauchs, anschließend Tauchgang beenden
zu viel Luft im Fußbereich	Schwimmlage ändern (mit geeigneter Technik), so dass Kopf hoch und Beine tief
plötzlicher Wassereinbruch	auf Tarierung achten ggf. Tarierung mit Jacket wiederherstellen Tauchgang beenden!
Hitzestau durch langen Fußmarsch oder Briefing	ausreichende Abkühlung vor dem Tauchgang
plötzlicher Bleiverlust	Luft über alle Möglichkeiten ablassen (Jacket, Auslassventil, Manschetten) bewusst tief ausatmen anschließend Tauchgang mit Partnerhilfe beenden

DTSA-Übungstauchgänge, insbesondere Aufstiegsübungen, sollten wegen der erhöhten Anforderungen und dem Risiko des Nichtgelingens möglichst nicht von ungeübten Trockentauchern, sondern eher im Nass- oder Halbtrockentauchanzug durchgeführt werden. Da das Beherrschen dieser Übungen aber auch beim Tauchen im Trockentauchanzug wichtig ist, empfiehlt es sich, nach erfolgreichem

Absolvieren der DTSA-Übungen im Nass- oder Halbtrockentauchanzug diese mit dem Trockentauchanzug und unter Anleitung zu wiederholen.

4.2 Wartung und Pflege

Damit Trockentauchanzüge auch dauerhaft funktionsfähig und dicht bleiben, ist eine gute Pflege wichtig. Hierzu gehört eine regelmäßige Reinigung, insbesondere das Spülen mit Süßwasser nach Salzwassertauchgängen.
Insbesondere die Manschetten und der Reißverschluss sind Verschleißteile mit begrenzter Lebensdauer. Latexmanschetten bestehen vorwiegend aus Gummi und werden mit zunehmendem Alter porös. Daher sollten sie auch regelmäßig einer Sichtprüfung auf Porösität oder Beschädigungen unterzogen werden. Bei altersbedingter Abnutzung sollten Manschetten rechtzeitig ausgetauscht werden, damit sie nicht gerade am See reißen. Zur Pflege werden Manschetten regelmäßig, möglichst vor jedem Gebrauch, mit Talkum eingerieben.

Auch der Reißverschluss unterliegt durch die Benutzung regelmäßig einem leichten Abrieb und hat eine begrenzte Lebensdauer. Zum besseren Gleiten des Schiebers wird der Reißverschluss regelmäßig mit Wachs oder Paraffin eingerieben. Auch die Dichtlippen sollten auf Beschädigung überprüft werden. Ist der Reißverschluss beschädigt, hilft in der Regel nur ein Austausch.

Der Austausch von Manschetten oder Reißverschlüssen sollte im Fachhandel vorgenommen werden, der den Anzug dann auch einer erneuten Dichtigkeitsprüfung unterziehen kann. Auch die Ventile sollten regelmäßig im Fachhandel gewartet werden. Die Ventile sollten vom Nutzer auf Beschädigung oder Verunreinigungen geprüft werden.

Die Aufbewahrung des Trockentauchanzuges erfolgt knickfrei zum Beispiel an einem breiten Kleiderbügel bei normaler Raumtemperatur und vor Sonnenlicht mit UV-Strahlung geschützt.

4.3 Optional: Heizungen

Auch wenn ein Trockentauchanzug bereits einen sehr guten Schutz vor Wärmeabgabe erbringt, ist durch die Verwendung von Heizsystemen im Trockentauchanzug eine zusätzliche Möglichkeit gegeben, dass es beim Tauchen warm bleibt.

Beim Kaltwassertauchen und insbesondere bei langen kalten Tauchgängen können Heizwesten oder beheizte Unterzieher den Komfort und auch die Dekompression deutlich verbessern. Dabei werden Heizdrähte durch elektrischen Stromfluss erwärmt und geben diese Wärme an den Taucher weiter. Damit hierfür elektrischer Strom zur Verfügung steht, ist wie bei den Lampen eine Stromversorgung durch Akkus üblich.

Wichtig ist aber: Akkus gehören nach draußen!

Es wird von schweren Tauchunfällen berichtet, bei denen nach Kurzschlüssen im Anschlussbereich der Heizdrähte die Stromversorgung nicht schnell genug unterbrochen werden konnte und es zu schweren Verbrennungen kam.
Ein außenliegender Akku ermöglicht zu jeder Zeit eine Unterbrechung der Stromversorgung!

Inzwischen gibt es auch Heizwesten, die anstatt von Heizdrähten Infrarot-LED (Leuchtdioden) nutzen. Diese sind zwar auch im Nassanzug nutzbar, aber auch hier kann es Kurzschlüsse geben.

Neu sind auch universelle Leistungssteuerungen, die die Heizleistung von 0-100% über eine Pulsweitenmodulation (ständiges Ein- und Ausschalten der Spannungsversorgung) ermöglichen.

5. Praxisübungen

Die Tauchgänge sollen im Binnensee oder an geschützten Stellen im Meer mit mindestens 3-5 Meter Sichtweite und maximal 25 Meter Tiefe durchgeführt werden. Dem Schüler ist zu vermitteln, dass beim Abtauchen in den Trockentauchanzug nur so viel Gas wie nötig gegeben wird. Die eigentliche Tarierung erfolgt weiterhin über das Jacket.

Alle Übungen der Tauchgänge bauen aufeinander auf. Neue Übungen sollen daher erst begonnen werden, wenn die bis dahin durchgeführten Übungen sicher beherrscht werden. Ggf. sind dazu zusätzliche Tauchgänge einzuplanen.

Jeweils ein Kursteilnehmer und ein Ausbilder bilden eine Gruppe. Tauchtiefe und Tauchzeit werden der Situation entsprechend vom Ausbilder festgelegt.

Ausrüstung:

- Ggf. Markierungsbojen mit Leinen (8-10 mm) und 10 kg Grundgewicht (Achtung: keine freien Leinenenden, Schneidwerkzeug mitführen),
- kleine, handliche, lichtstarke Lampen mit kurzer Befestigungsleine, die den Übungsablauf nicht behindern dürfen,
- Trockentauchanzug für den TL,
- Trockentauchanzug mit frei zugänglichem Entlüftungsventil und Inflator für Teilnehmer,
- Jacket.

5.1 Tauchgänge

Erster Tauchgang:
Handhabung des Trockentauchanzuges unter einfachsten Bedingungen
An- / Ablegen,
Bestimmung der richtigen Bleimenge,
Auf- / Abstieg unter Grundnähe,
Schwimmhaltung,
Bedienung der Ventile

Tauchtiefe: bis ca. 10 m
Tauchzeit: mind. 15 min
Gruppenstärke: je 1 Ausbilder und 1 Schüler bilden eine Gruppe
Gruppenführung: Ausbilder (unmittelbare Sicherung des Schülers)

Verlauf:

- Anlegen des Trockentauchanzuges unter Anleitung und mit Unterstützung des Ausbilders,
- Kontrolle und ggf. erste Korrektur der Bleimenge,
- Bleicheck an der Wasseroberfläche: Die Vorgehensweise ist vom Prinzip her wie beim Nasstauchen, allerdings soll berücksichtigt werden, dass die Bleimenge die Luftmenge im Anzug – und damit die Beweglichkeit wie auch die Wärmeisolierung - mitbestimmt. Entsprechend muss die Bewertung beim Bleicheck angepasst werden.
- Bewegen an der Wasseroberfläche zur Gewöhnung an den Anzug (keine lange Strecke, niedrige Geschwindigkeit),
- Abtauchübungen im Flachwasser (1-2 m Wassertiefe, fußwärts, nicht über Kopf) zur Gewöhnung an die richtige Vorgehensweise,
- Durchführung eines einfachen Tauchganges zur Gewöhnung an die veränderte Schwimmlage und die Handhabung der Ventile,
  - Ab- / Aufstieg an Böschung in Grundnähe (an leicht geneigtem Hang),
  - nicht tiefer als 10 m, damit nur wenig zusätzliche Tarierung erforderlich wird,
- Ablegen des Trockentauchanzuges unter Anleitung und mit Unterstützung des Ausbilders.

Zweiter Tauchgang:
Handhabung des Trockentauchanzuges unter schwierigeren Bedingungen

Ab- / Aufstieg inkl. Einhalten von Stopps im Freiwasser:
Aufstieg unter kontrollierter Luftabgabe über das Auslassventil mit simulierter Dekompressionspause
Abstieg ohne bzw. mit geringer Luftzugabe mit anschließendem Stopp unter Einsatz des Inflators

Tauchtiefe: 15 – 25 m
Tauchzeit: mind. 15 min

Gruppenstärke:	je 1 Ausbilder und 1 Schüler bilden eine Gruppe
Gruppenführung:	Ausbilder (unmittelbare Sicherung des Schülers)

Verlauf:
- Anlegen des Trockentauchanzuges unter Anleitung und ggf. mit Unterstützung des Ausbilders,
- Bewegen an der Wasseroberfläche zur Gewöhnung an den Anzug (bis zur nächstgelegenen Stelle mit ca. 15 m Wassertiefe, niedrige Geschwindigkeit),
- langsamer kontrollierter Abstieg im Freiwasser unter geringfügiger Luftzugabe in den Tauchanzug, Stopp des Abstiegs etwa 1 m über Grund durch Luftzugabe in Anzug bzw. Jacket bis zum Erreichen des hydrostatischen Gleichgewichtes, zur Gewöhnung an den Umgang mit den Lufteinlassventilen unter schwierigeren Bedingungen,
- Tauchen bei etwa gleich bleibender Tauchtiefe zur Gewöhnung an die veränderte Schwimmlage (ohne dass weitere Aufgaben wie Luftein- und -ablass erforderlich sind),
- langsamer kontrollierter Aufstieg im Freiwasser unter dosierter Luftabgabe aus Anzug und Jacket mit mehrminütigem Stopp in 3 m Wassertiefe, zur Gewöhnung an den Umgang mit dem Luftablassventil inkl. Einnahme der richtigen Schwimmlage und Einhaltung notwendiger Stopps unter schwierigeren Bedingungen,
- Ablegen des Trockentauchanzuges unter Anleitung und ggf. mit Unterstützung des Ausbilders.

Dritter Tauchgang:
Handhabung des Trockentauchanzuges unter erschwerten Bedingungen

Auf- / Abstieg im Freiwasser bei unzureichender Dichtigkeit des Anzuges (Aufstieg mit Flossenschlag ohne Luftzugabe in den Anzug),
Korrektur einer außer Kontrolle geratenen Schwimmlage (Aufstieg über Kopf und Umdrehen während des Aufstieges, Flossen nach unten),
simulierte Rettung eines auf dem Rücken liegenden Trockentauchers

Tauchtiefe:	15 – 25 m
Tauchzeit:	mind. 15 min
Gruppenstärke:	je 1 Ausbilder und 1 Schüler bilden eine Gruppe
Gruppenführung:	Ausbilder (unmittelbare Sicherung des Schülers)

Verlauf:

- Anlegen des Trockentauchanzuges unter Anleitung und ggf. mit Unterstützung des Ausbilders,
- Bewegen an der Wasseroberfläche zur Gewöhnung an den Anzug (bis zur nächstgelegenen Stelle mit ca. 15 m Wassertiefe, niedrige Geschwindigkeit),
- langsamer kontrollierter Abstieg im Freiwasser unter gleichmäßiger Luftzugabe in den Tauchanzug, Stopp des Abstiegs etwa 1 m über Grund, zur Gewöhnung an den Umgang mit dem Lufteinlassventil,
- nach Herstellen des hydrostatischen Gleichgewichtes durch gestreckte, abwärts gerichtete Körperlage langsam Luft in den Fußraum strömen lassen, durch Einatmung geringfügigen Auftrieb erzeugen und ohne Grundberührung Rolle vorwärts in die Ausgangslage, zum Erlernen der Korrektur einer außer Kontrolle geratenen Schwimmlage (Luftablassen bei „Kopfstand" nicht mehr möglich),
- zum Erlernen des Aufstieges bei unzureichender Dichtigkeit des Trockentauchanzuges: Luftabgabe aus dem Anzug, so dass die Beweglichkeit gerade noch erhalten bleibt und dass ein geringfügiger Abtrieb entsteht. Dann Tarierung über Jacket und Aufstieg ohne Flossenbenutzung,
- Tauchen im Freiwasser in ca. 6 m Wassertiefe bei etwa gleich bleibender Tauchtiefe zur Gewöhnung an die veränderte Schwimmlage unter schwierigeren (da Freiwasser) Bedingungen (Kompassführung durch den Ausbilder),
- Simulierte Rettung eines auf dem Rücken liegenden Trockentauchers
- Ablegen des Trockentauchanzuges unter Anleitung und ggf. mit Unterstützung des Ausbilders.

Je nach Leistungsstand der Teilnehmer empfiehlt es sich, die Handhabung des Trockentauchanzuges vorab am oder im Schwimmbecken zu vermitteln und zu üben.

6. Ziel erreicht?

Das Ziel des Aufbaukurses Trockentauchen war, dass du in Theorie und Praxis mit der Bedienungs- und Bewegungstechnik beim Tauchen mit Trockentauchanzügen vertraut gemacht wurdest. Mit diesem Kurs solltest du die Grundlagen und Techniken des Trockentauchens erlernt haben, aber nur durch regelmäßiges Üben und Festigen des Erlernten wirst du selbst mit der gewünschten Sicherheit Trockentauchgänge durchführen können. Die eigentliche Erfahrung und Routine in den Abläufen erlangst du mit der Anzahl an Trockentauchgängen und den damit verbundenen immer wieder unterschiedlichen Gegebenheiten.

Ob du das Ausbildungsziel dieses Kurses erreicht hast, stellt dein Kursleiter zusammen mit deinen Ausbildern fest. Dies geschieht im theoretischen Teil in Form von Lehrgesprächen und im praktischen Teil durch zielorientierte Beobachtung. Durch das Rotationsprinzip von Teilnehmern und Ausbildern soll eine objektive Beurteilung und eine vielseitige Ausbildung gewährleistet werden.

Übungsabschnitte, bei denen Unsicherheiten bestehen, sollen nur dann unmittelbar wiederholt werden, wenn hierdurch kein Sicherheitsrisiko für Kursteilnehmer und Ausbilder entsteht. Eventuell können zunächst Vorversuche aus geringerer Tiefe durchgeführt werden.

Für die Lernerfolgskontrolle der theoretischen Inhalte kann eine mündliche oder schriftliche Abfrage erfolgen. Hierzu können die in diesem Buch zusammengestellten Fragen verwendet werden. Dein Kursleiter kann dir dazu entweder im Theorieunterricht einfache mündliche Fragen stellen oder einen kurzen schriftlichen Fragebogen zusammenstellen, um zu erkennen, ob du die vermittelten Themen verstanden hast. Du kannst die hier zusammengestellten Fragen auch zum Selbstcheck nutzen, indem du sie für dich beantwortest und mit der möglichen Lösung vergleichst.

6.1 Selbstcheck

Bei vorgegebenen Antworten können auch mehrere Antworten richtig sein.

1. Warum erfordert das Tauchen im Trockentauchanzug eine spezielle Ausbildung?

a Die im Trockentauchanzug eingeschlossene Luft verringert mit zunehmender Tiefe ihr Volumen und führt daher ab einer gewissen Tiefe immer zu Barotraumen.
b Die im Trockentauchanzug eingeschlossene Luft nimmt mit zunehmender Tiefe an Volumen zu und führt so zu ungewolltem Auftrieb.
c Die im Trockentauchanzug eingeschlossene Luft wird durch Zuführung und Ablassen von Luft in jeder Tiefe bei einem konstanten Volumen gehalten.
d Neben dem Jacket muss mit dem Trockentauchanzug ein weiterer Ausrüstungsgegenstand be- und entlüftet werden.
e Die Tarierung erfolgt statt über das Jacket über den Trockentauchanzug.

2. Weshalb schützt ein Trockentauchanzug besser vor Wärmeverlust als ein Halbtrockentauchanzug?

a Vor direkter Wärmeübertragung durch Wärmeleitung an die Umgebung schützen Gase besser als Wasser.
b Trockentauchanzüge sind aus einem dickeren Material als Halbtrockentauchanzüge.
c Trockentauchanzüge haben wasserdichte Manschetten und Reißverschlüsse, so dass kein Wasser eindringt.
d Trockentauchanzüge werden durch die Zuführung von warmer Luft innen erwärmt.
e Halbtrockentauchanzüge sitzen nicht so eng am Körper wie Trockentauchanzüge.

3. Warum benötigen wir beim Trockentauchen ein Jacket?

a Zur Tarierung, da in den Trockentauchanzug nur so wenig Luft wie nötig gegeben wird.
b Zur Unterstützung beim Aufstieg an die Wasseroberfläche und beim Notaufstieg.
c Zur Rettung anderer Taucher und zur eigenen Rettung.
d Zum sicheren Schwimmen an der Wasseroberfläche.
e Zur Stabilisierung in einer sicheren Lage an der Wasseroberfläche.

4. Welche Formen der physikalischen Wärmeabgabe gibt es?

a Abkühlung durch zunehmenden Umgebungsdruck.

b Wärmeabgabe durch zunehmende Umgebungstemperatur.
c Wärmestrahlung
d Wärmeleitung
e Wärmeströmung

5. Welche Vorteile hat ein Trockentauchanzug zum Schutz vor Wärmeverlust?
a Das Außenmaterial ist wesentlich dicker als bei einem Halbtrockentauchanzug.
b Der Kontakt der Haut zum Wasser wird durch den Kontakt der Haut zur Luft ersetzt.
c Durch das konstante Innenvolumen bleibt die Dicke der Luftisolierschicht in jeder Tiefe erhalten.
d Die Zirkulation des hautumgebenden Mediums wird durch wasserdichte Manschetten ausgeschlossen.
e Das eingedrungene Wasser wird erwärmt und kann durch die wasserdichten Manschetten nicht durch kaltes Wasser ersetzt werden.

6. Welche Möglichkeiten der Wärmeabgabe werden durch einen Trockentauchanzug im Vergleich zu einem Halbtrockentauchanzug verringert, und welche bleiben fast unverändert?
a Der Wärmeverlust über die Atmung und die Wärmestrahlung bleiben fast unverändert.
b Die Wärmeabgabe über die Wärmeströmung (Konvektion) und die Wärmeleitung (Konduktion) bleiben fast unverändert.
c Die Wärmeabgabe über die Wärmeströmung (Konvektion) und die Wärmeleitung (Konduktion) werden stark reduziert.
d Der Wärmeverlust über die Atmung und die Wärmestrahlung werden stark reduziert.
e Die Wärmeabgabe bleibt insgesamt unverändert.

7. Welche generellen Anforderungen gelten für einen Trockentauchanzug?
a gute Passform
b wasserdicht durch Manschetten, Reißverschluss und angesetzte Fußteile
c konstantes Innenvolumen
d Lufteinlass über die Ausatemluft
e Lufteinlass über das DTG mit einem Inflator

8. Aus welchen Materialien werden Trockentauchanzüge hergestellt?

a Gummi

b Leder

c Plastik

d Trilaminat

e Neopren

9. Warum werden Trockentauchanzüge als Konstantvolumenanzüge konstruiert?

a Damit der Auftrieb in jeder Tiefe gleich bleibt und keine weitere Tarierung über das Jacket erforderlich ist.

b Damit kein Wasser in den Anzug eindringt.

c Damit durch möglichst viel Luft im Anzug ein maximaler Komfort erreicht wird.

d Weil die Luft aus dem Anzug nicht wieder entweichen kann.

e Zur Verhinderung eines Unterdruckbarotraumas der Haut beim Abtauchen.

10. Damit ein Trockentauchanzug völlig wasserdicht ist, hat er an den Handgelenken und am Hals eng anliegende ________________ und einen gas- und wasserdichten ________________.

11. Welche Bauteile hat ein Trockentauchanzug im Unterschied zum Halbtrockentauchanzug?

a Dichtmanschetten an Hals und Handgelenken

b Dichtmanschetten an den Fußgelenken

c gasdichter Reißverschluss

d Lufteinlass- und Luftauslassventil

e mit den Armen fest verbundene Handschuhe

12. Der Lufteinlass in den Trockentauchanzug erfolgt durch eine Verbindung zwischen dem ________________ des Atemreglers und dem _____________ am Trockentauchanzug. Dieses sollte frei zugänglich ohne Behinderung durch das __________ erreichbar sein. Durch Druck auf den ____________________ wird dann stoßweise Luft in den Anzug gegeben.

13. Das Luftauslassventil befindet sich an einer möglichst ______ Position des Trockentauchanzugs. Bei einem ________________ Auslassventil kann durch Heben und Senken des Armes ohne zusätzliche Hand der Überdruck durch das Ventil entweichen. Durch Drehung am __________________ kann der Ansprechdruck angepasst werden.

14. Warum muss ein Trockentauchanzug Lufteinlass- und Luftauslassventile besitzen?

a Ohne Luftzufuhr durch das Einlassventil presst sich die Außenhaut des Anzuges bereits in geringen Tiefen stark an den Körper, dies kann schmerzhaft werden und die Bewegung behindern.
b Ohne Lufteinlassventil könnte gar keine Tarierung des Tauchers erfolgen.
c Ein Luftauslassventil ist nur nötig, wenn auch über ein Lufteinlassventil Luft in den Anzug gelassen werden kann.
d Ein Luftauslassventil ist nötig, weil sich die Luft im Anzug beim Auftauchen ausdehnt und sonst zu einem ständig zunehmenden Auftrieb führen würde.
e Ein Trockentauchanzug kann auch ohne Lufteinlass bzw. Luftauslass genutzt werden.

15. Wie erfolgt der Ein- und Ausstieg in einen Trockentauchanzug?

a Wie beim Nasstauchanzug erst in die Hose, dann die Jacke mit Kopfhaube überziehen.
b Durch die Halsmanschette.
c Durch einen Durchlass, der anschließend mit einem Klettverschluss geschlossen wird.
d Durch einen Durchlass, der anschließend mit einem Reißverschluss geschlossen wird.
e Der Trockentauchanzug wird von unten angezogen, über den Kopf gestülpt und anschließend von unten durch die Beinmanschetten abgedichtet.

16. Was ist beim Trockentauchen die ideale Lage?

a senkrecht
b Oberkörper nach unten geneigt
c Oberkörper tiefer als die Beine
d waagerecht mit angewinkelten Unterschenkeln
e Schräglage mit erhöhtem Oberkörper und mit reichlich luftgefülltem Trockentauchanzug

17. Warum wird beim Trockentauchen nur so wenig Luft wie möglich in den Trockentauchanzug gegeben und hauptsächlich über das Jacket tariert?

a Die Luft kann über das Jacket wesentlich schneller und in unterschiedlichen Lagen abgegeben werden.

b Es befindet sich kein überschüssiger Luftvorrat im Trockentauchanzug, der sonst zu ungewollten Luftverteilungen mit Lageveränderungen führt.

c Die Luft im Trockentauchanzug kann sonst ungewollt in andere Anzugbereiche wie zum Beispiel die Beine steigen und die Beine auftreiben lassen.

d Der Trockentaucher kann ungewollt in eine senkrechte Lage (Kopf hoch, Beine tief) kommen, aus der er nur schwierig wieder heraus kommt.

e Der Trockentaucher kann ungewollt in eine Art Kopfstand (Kopf tief, Beine hoch) geraten, der nur schwierig wieder beseitigt werden kann.

18. Die Pflege der Manschetten erfolgt durch regelmäßiges Einreiben mit __________. Der Reißverschluss wird zum besseren Gleiten des Schiebers regelmäßig mit __________ oder __________ eingerieben.

19. Wie werden Probleme oder Störungen beim Trockentauchen behoben? Ordne die jeweiligen Antworten den Problemen zu.

Luftauslassventil verstopft	schnell Luft ablassen und ausatmen
Lufteinlassventil verstopft	Luft durch Hals- oder Armmanschette ablassen
Lufteinlassventil klemmt	Tarierung über das Jacket und höher tauchen
zu viel Luft im Fußbereich	auf Tarierung achten und austauchen
plötzlicher Wassereinbruch	ausreichende Abkühlung vor dem Tauchgang
Hitzestau durch Fußmarsch oder Warten	Inflatorschlauch abziehen und austauchen
plötzlicher Bleiverlust	Schwimmlage ändern, Kopf hoch, Beine tief

20. Was ist bei der Verwendung einer Heizweste oder eines beheizten Unterziehers zu beachten?

a Eine Stromversorgung durch Akkus ist üblich.
b Entstehender Rauch kann durch das Luftauslassventil abgelassen werden.
c Akkus werden außerhalb des Anzugs getragen, um bei Kurzschlüssen die Stromversorgung schnell unterbrechen zu können.
d Heizwesten werden außerhalb des Trockentauchanzugs getragen.
e Akkus werden innerhalb des Anzugs getragen, um sie vor Wassereinbruch zu schützen.

6.2 Lösungen

1. c, d
2. a, c
3. a, b, c, d, e
4. c, d, e
5. b, c, d
6. a, c
7. a, b, c, e
8. a, d, e
9. e

10. Damit ein Trockentauchanzug völlig wasserdicht ist, hat er an den Handgelenken und am Hals eng anliegende *Manschetten* und einen gas- und wasserdichten *Reißverschluss*.

11. a, c, d

12. Der Lufteinlass in den Trockentauchanzug erfolgt durch eine Verbindung zwischen dem *Mitteldruckabgang* des Atemreglers und dem *Lufteinlassventil* am Trockentauchanzug. Dieses sollte frei zugänglich ohne Behinderung durch das *Jacket* erreichbar sein. Durch Druck auf den *Lufteinlassknopf* wird dann stoßweise Luft in den Anzug gegeben.

13. Das Luftauslassventil befindet sich an einer möglichst *hohen* Position des Trockentauchanzugs. Bei einem *automatischen* Auslassventil kann durch Heben und Senken des Armes ohne zusätzliche Hand der Überdruck durch das Ventil entweichen. Durch Drehung am Einstellring kann der Ansprechdruck angepasst werden.

14. a, d
15. d
16. d
17. a, b, c, e

18. Die Pflege der Manschetten erfolgt durch regelmäßiges Einreiben mit *Talkum*. Der Reißverschluss wird zum besseren Gleiten des Schiebers regelmäßig mit *Wachs* oder *Paraffin* eingerieben.

19. Zuordnung:

Luftauslassventil verstopft	» Luft durch Hals- oder Armmanschette ablassen
Lufteinlassventil verstopft	» Tarierung über das Jacket und höher tauchen
Lufteinlassventil klemmt	» Inflatorschlauch abziehen und austauchen
zu viel Luft im Fußbereich	» Schwimmlage ändern, Kopf hoch, Beine tief
plötzlicher Wassereinbruch	» auf Tarierung achten und austauchen
Hitzestau durch Fußmarsch oder Warten	» ausreichende Abkühlung vor dem Tauchgang
plötzlicher Bleiverlust	» schnell Luft ablassen und ausatmen

20. a, c

6.3 Abschluss und Beurkundung

Nach erfolgreicher Teilnahme erhältst du von deinem Ausbilder die Bestätigung.

Nachweise über die erfolgreiche Teilnahme an dem Spezialkurs sind der offizielle VDST-Spezialkurs-Einkleber für den Tauchpass und die VDST-SK-Karte.

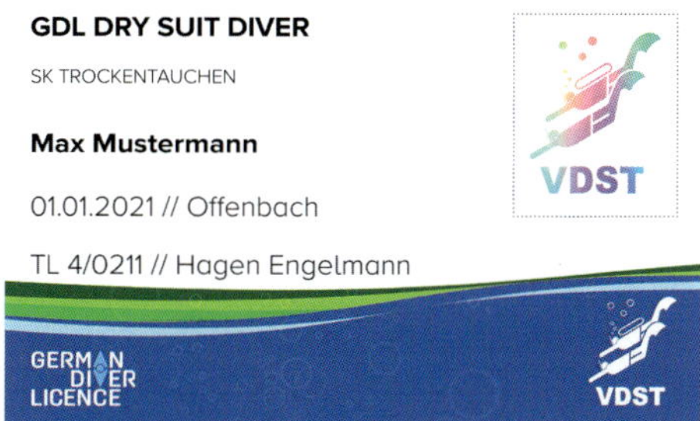

Einkleber GDL Dry Suit Diver / Spezialkurs Trockentauchen

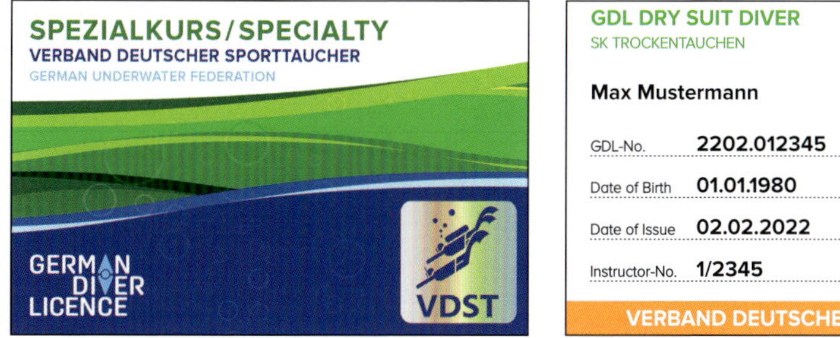

Karte GDL Dry Suit Diver / Spezialkurs Trockentauchen

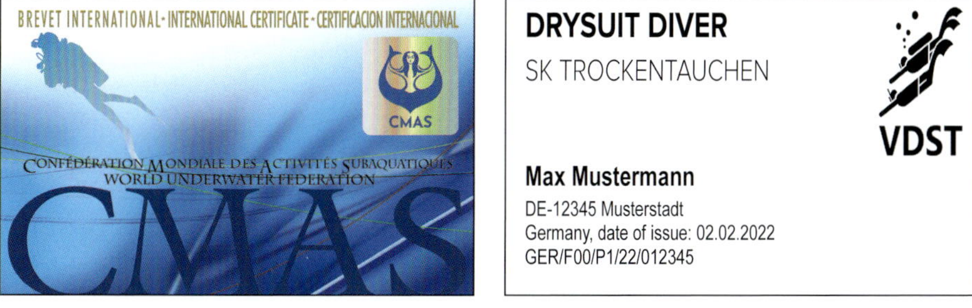

Karte CMAS Drysuit Diver / Spezialkurs Trockentauchen

Spezialkurs Strömungstauchen

Beim Tauchen im Meer bewegt sich in der Regel das Wasser. In den meisten Tauchgebieten, insbesondere an den schönsten Tauchspots, herrscht oftmals Strömung. Dies ist auch von Vorteil, denn gerade hierdurch kann sich eine besondere Unterwasserwelt entwickeln da sich an strömungsexponierten Stellen oftmals Tiere ansammeln, welche die Strömung ausnutzen, um ohne größeren Aufwand eine Nahrungszufuhr „frei Haus" zu bekommen. Deshalb sind bei strömungsexponierten Stellen nicht nur Fische, sondern auch filtrierende Tiere anzutreffen, welche diese Situation ausnutzen.

Für die Unterwasserwelt und damit auch für uns Taucher gehört Strömung daher zum normalen Tauchen im Meer dazu und mit einem angepassten Tauchverhalten können wir uns die Strömung zunutze machen, aber auch die Belastung der Umwelt so gering wie möglich halten. Bereits bei der Planung und Vorbereitung von Tauchgängen kann berücksichtigt werden, wann und wo idealerweise getaucht wird. Vom Sprung ins Wasser über die Gestaltung des Tauchgangs bis zum Ausstieg aus dem Wasser gibt es besondere Verhaltensweisen und Techniken, um auch bei Strömung sicher und umweltschonend zu tauchen.

Im VDST-Spezialkurs Strömungstauchen (GDL Seawater Drift Diver, CMAS Drift Diver) werden diese theoretischen Kenntnisse und praktischen Fertigkeiten vermittelt, damit du auch in strömenden Gewässern sicher und umweltschonend tauchen kannst. Daher ist dieser Spezialkurs Strömungstauchen auch für das DTSA*** (GDL*** Dive Leader) als Voraussetzung empfohlen, denn als VDST-CMAS-Taucher*** führst du Gruppen auch unter schwierigen Bedingungen, insbesondere auch in strömenden Gewässern.

1. Rahmenbedingungen

1.1 Voraussetzungen

Um an einem Spezialkurs Strömungstauchen teilnehmen zu können, benötigst du einige Voraussetzungen. Dazu gehört eine gewisse Erfahrung in Form von Tauchgängen, du solltest auch schon im Meer und vom Boot getaucht haben.
Du solltest über Kenntnisse in Unterwassernavigation, am besten durch Vorlage des AK „Orientierung beim Tauchen" verfügen. Ebenso solltest du bereits Erfahrung in der Gruppenführung besitzen und sicher tarieren können.
Die genauen Bestimmungen zu den Voraussetzungen können durchaus von Zeit zu Zeit verändert werden. Die jeweils aktuellen Voraussetzungen kannst du der VDST-Spezialkurs-Ordnung entnehmen.

Derzeit gelten die folgenden Voraussetzungen:

Mindestalter: 14 Jahre; bei Minderjährigen ist die Einverständniserklärung der Personensorgeberechtigten (in der Regel beider Elternteile) erforderlich.

Ausbildungsstufe: DTSA*; ersatzweise genügt eine vergleichbare Qualifikation entsprechend der VDST-Äquivalenzliste

Anzahl der Pflichttauchgänge: 50

Sonstiges: Gültige Tauchsportärztliche Untersuchung (TSU)

Zusatzausrüstung: Signalboje mit Spool

1.2 Organisatorischer Rahmen

Zum Spezialkurs Strömungstauchen gehören zwei Theorieeinheiten und drei Tauchgänge.
Der Spezialkurs wird im Meer (vorzugsweise vom Boot) durchgeführt. Es muss Strömung (maximal 1 Knoten) vorhanden sein, jedoch nicht stärker, als dass ein

Taucher dagegen anschwimmen kann. Geeignete Gebiete mit Strömungsschatten sollten vorhanden sein.

Für den Kurs werden mindestens zwei Tage benötigt. Der Kurs kann auch im Rahmen eines längeren Aufenthaltes an einer Tauchbasis am Meer erfolgen, wenn dort die passenden Rahmenbedingungen vorhanden sind. In einem solchen Rahmen entsteht nicht zusätzlich der Aufwand zur Organisation von Anreise, Unterkunft und Tauchbasis.

Die Anzahl der Teilnehmer sollte möglichst maximal doppelt so hoch sein wie die der Ausbilder, damit ein Verhältnis von einem Ausbilder zu zwei Teilnehmern erreicht wird.

Für den theoretischen Teil werden zwei Lerneinheiten angesetzt. Für den theoretischen Unterricht sollte möglichst ein geeigneter Unterrichtsraum am Kursort vorhanden sein, falls der Unterricht nicht bereits an einem anderen Tag vorab stattfindet.

Die drei Tauchgänge finden im Meer statt. Die Tauchgänge sollen vorzugsweise vom Boot aus bei Strömungsgeschwindigkeiten von maximal 1 Knoten (ca. 0,5 m/s) durchgeführt werden.

Das Tauchgewässer sollte dafür möglichst gute Rahmenbedingungen bieten, die Wetterverhältnisse und der Wellengang sollten geeignet sein. Die Tauchgebiete sollten eine Topografie vorweisen, die auch Strömungsschatten bietet. Bei Tauchgewässern mit Gezeiten sollte bereits bei der Planung des Aufenthaltes darauf geachtet werden, dass der Tidenhub nicht zu groß ist und dass die Zeiten der Tauchausfahrt um die Gezeitenstillstandszeiten passen.

1.3 Ausbildungsziel

Du sollst in Theorie und Praxis mit der sicheren Planung, Vorbereitung und Durchführung von Strömungstauchgängen im Meer vertraut gemacht werden. Nach Abschluss des Kurses sollst du

- Kenntnisse über Entstehung und Verlauf von Strömungen besitzen,
- Strömungen erkennen und einschätzen können,
- Strömungstauchgänge von Land und vom Boot aus planen und durchführen können,
- die richtigen Maßnahmen bei plötzlich erschwerten Bedingungen treffen können,
- die ökologische Bedeutung von Strömung für die Tier und Pflanzenwelt kennen.

2. Warum ist eine spezielle Ausbildung im Strömungstauchen wichtig?

An den meisten Tauchgebieten im Meer herrscht Strömung oder kann Strömung auftreten. Auch wenn es bei der Ausfahrt noch so scheint, als sei das Gewässer ruhig, kann sich das während des Tauchgangs oder in anderen Tiefen ändern. Beim Tauchen muss also jederzeit mit dem Auftreten von Strömung gerechnet werden.

Ohne eine Ausbildung darin, wie das Tauchverhalten sinnvoll an Strömung angepasst werden kann und wie dies bereits bei der Planung und Vorbereitung von Tauchgängen berücksichtigt werden kann, wären ein Abtreiben, eine Fehlorientierung, Erschöpfung durch erhöhte Anstrengung oder aber eine massive mechanische Schädigung z.B. am Riff durch Festhalten mehrerer Personen mögliche Folgen, die zu durchaus sicherheitskritischen Situationen führen können.

Schon vor dem Sprung ins Wasser ist es wichtig, eine eventuell vorhandene Strömung festzustellen, um danach keine ungewollte Überraschung zu erleben. Der Bootsführer wird in der Regel schon bei der Auswahl des Ankerplatzes darauf achten und gegebenenfalls auf Strömung hinweisen. Wenn Strömung vorhanden ist, setzt unmittelbar nach dem Sprung sofort die Flossenbewegung gegen die Strömung ein, da sonst ein Abtreiben die Folge ist. Die Verwendung einer Strömungsleine empfiehlt sich bei mittleren bis starken Strömungen und bei verankertem Boot in jedem Fall.

Um beim Abtauchen ein Abtreiben im Blauwasser zu vermeiden, sollte möglichst an der Ankerleine abgetaucht werden, da diese nicht nur eine optische Referenz bietet, sondern bei Bedarf auch mit der Hand zur Hilfe genommen werden kann. Hier ist auf den guten Sitz des Ankers zu achten, da sich dieser ansonsten lösen und verschleppen kann. Es sollte dann zügig der Grund erreicht werden, da hier in der Regel die Strömung nahe zum Grund geringer wird und gegebenenfalls auch die Bodenformation genutzt werden kann, um sich strömungsgeschützt zu bewegen. Auch beim Tauchen selbst ist es kräftesparend, nah am Grund zu bleiben und Felsen und Wände als Strömungsschatten zu nutzen.

Für die Orientierung beim Tauchgang ist ein Versatz durch die Strömung einzurechnen, anderenfalls wird der Ausgangspunkt nicht wieder erreicht, und ein Blauwasseraufstieg mit weiterem Abtreiben kann die Folge sein.

Daher gibt es gewisse Verhaltensweisen und Tipps, die du in diesem Spezialkurs Strömungstauchen erlernst, damit du sie nach einiger Übung bei deinen Tauchgängen im Meer anwenden kannst und so auch bei Strömung sicher tauchst.

3. Grundlagen zum Strömungstauchen

3.1 Entstehung und Arten von Strömungen

Strömungen entstehen hauptsächlich durch Gezeiten, können aber auch durch Wind oder Temperaturunterschiede verursacht werden.

Mit **Gezeiten** (Tiden) bezeichnet man periodische Wasserstandsschwankungen der Ozeane.

Die Entstehung von Ebbe und Flut lässt sich durch die Beziehung von Mond und Erde erklären. Zwischen Erde und Mond (ebenso zwischen Erde und Sonne) wirken Anziehungskräfte, denen die Wassermassen der Weltmeere folgen.
Beide Himmelskörper bilden ein System mit einem gemeinsamen Schwerpunkt. Mond und Erde kreisen dabei beide um den gemeinsamen Systemschwerpunkt. Da die Masse der Erde deutlich größer als die des Mondes ist, befindet sich dieser Schwerpunkt im Inneren der Erde. Die Erde führt diese Bewegung um den

gemeinsamen Systemschwerpunkt aus, wodurch eine Beschleunigung und Fliehkraft auf jeden einzelnen Punkt der Erde wirkt. Diese Fliehkraft hat die gleiche Richtung, nämlich parallel zur Verbindungslinie vom Erdmittelpunkt zum Mondmittelpunkt, vom Mond wegweisend.

Die Gravitation (Anziehungskraft) des Mondes erzeugt eine entgegengesetzte Beschleunigung. Das Gravitationsfeld des Mondes wirkt dabei nicht auf jeden Punkt der Erde die gleiche Beschleunigung aus. Auf der mondnahen Seite der Erde ist die Gravitation stärker als die in die Erde gewandte Fliehkraft, daraus ergibt sich ein Flutberg. Auf der mondabgewandten Seite ist die Fliehkraft stärker als die Mondgravitation, wodurch sich ein zweiter etwas kleinerer Flutberg bildet.

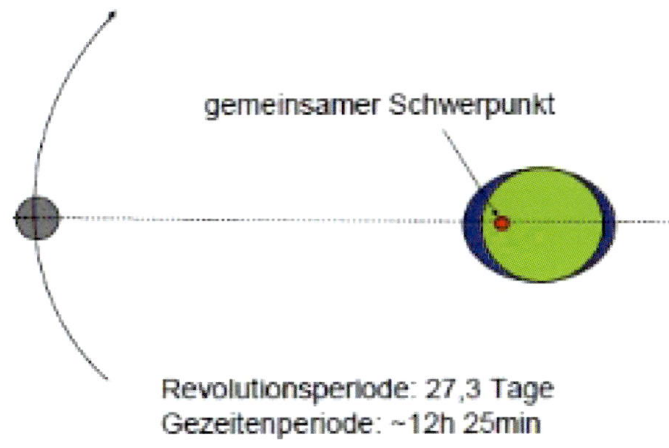

Gezeitenkräfte im System Erde-Mond

Addiert man all diese Kräfte unter Berücksichtigung der Richtung, erhält man die Gezeitenkräfte. Die Bewegung der Wassermassen bewirkt, bezogen auf einen bestimmten Ort, ein periodisches Zunehmen und Abnehmen des Wasserstandes. Der Zustand und Zeitpunkt des höchsten Wasserstandes heißt Hochwasser, der Zustand und Zeitpunkt des niedrigsten Wasserstandes heißt Niedrigwasser. Da zu diesen beiden Zeitpunkten die Richtung der Wasserbewegung wechselt, bewegt sich das Wasser dann nicht und es herrscht Gezeitenstillstand.
Die Zeiträume zwischen Hoch- und Niedrigwasser werden als Ebbe, die Zeiträume zwischen Niedrig- und Hochwasser als Flut bezeichnet. Die Flut ist also der Vorgang des auflaufenden Wassers und die Ebbe der Vorgang des ablaufenden Wassers.

Nicht nur der Mond, sondern auch die Sonne wirkt mit ihrer Anziehungskraft auf die Erde und beeinflusst die Gezeiten. Dies ist abhängig von der Stellung der Sonne und des Mondes und der Erde zueinander.

Steht die Sonne in gleicher Richtung zur Erde wie der Mond oder genau gegenüber, so verstärkt sie die beiden Flutberge auf der zugewandten und abgewandten Seite der Erde, da sie sich überlagern. Dies ist bei Neumond (Stellung Erde – Mond – Sonne) bzw. bei Vollmond (Stellung Mond – Erde – Sonne) der Fall.
Wenn die Flutberge durch die gleichgerichteten Anziehungskräfte von Mond und Sonne besonders hoch sind, so wird dies auch als **Springtide** bezeichnet.

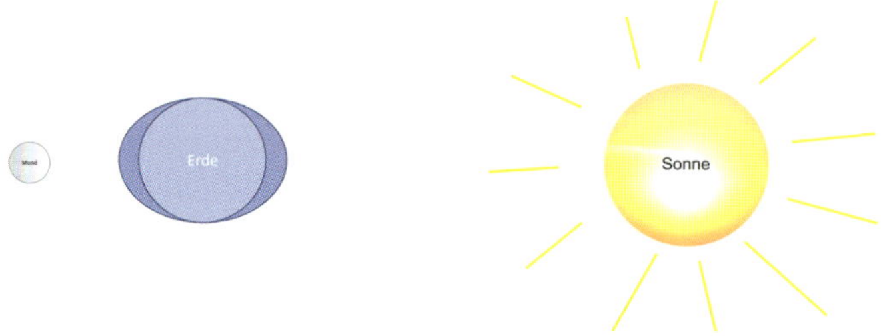

Springtide (Entfernungs- und Größenverhältnisse vereinfacht)

Steht die Sonne dagegen im rechten Winkel zur Achse Mond – Erde, so heben sich die Anziehungskräfte wieder teilweise auf, und die beiden Flutberge sind weniger stark ausgeprägt. Wirken also die Anziehungskräfte von Sonne und Mond in genau unterschiedliche Richtungen, so sind die Flutberge am geringsten, dies wird als **Nipptide** bezeichnet.

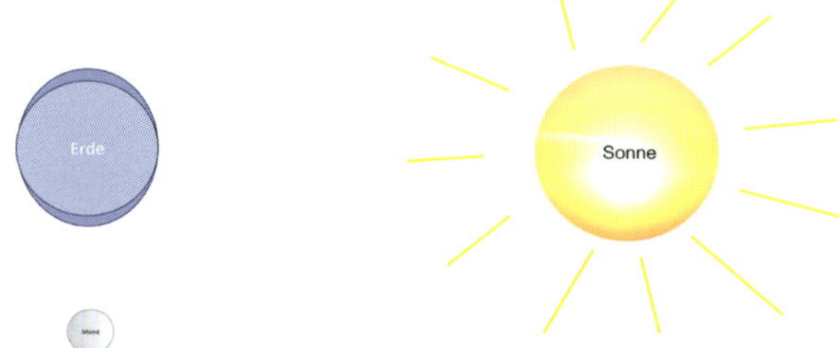

Nipptide (Entfernungs- und Größenverhältnisse vereinfacht)

Da sich die Stellungen von Mond und Sonne relativ zur Erde ändern, sind aufeinander folgende Hoch- und Niedrigwasserhöhen unterschiedlich. Der zeitliche Verlauf des Wasserstandes zwischen Niedrigwasser, Hochwasser und darauf folgendem Niedrigwasser ergibt die Tidenkurve, die Zeit von einem Niedrigwasser zum nachfolgenden Niedrigwasser ist die Tide. Den Mittelwert aus Tidenanstieg und Tidenfall bezeichnet man als Tidenhub. Bei einer Springtide ist der Tidenhub am höchsten, bei einer Nipptide am niedrigsten.

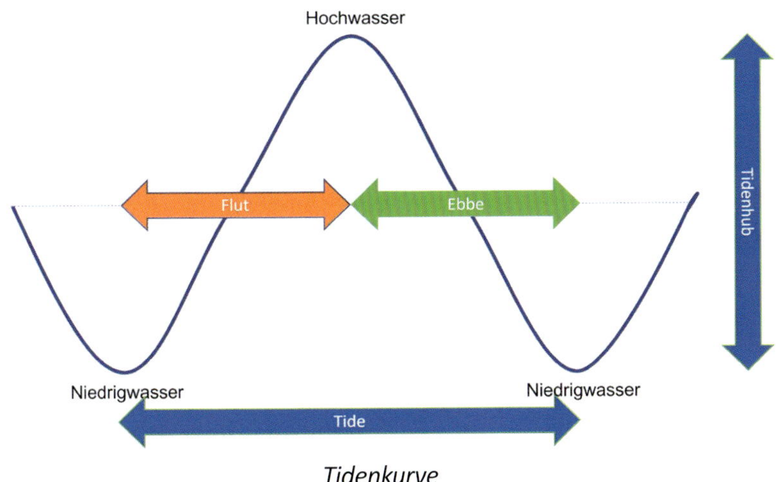

Tidenkurve

Eine andere Möglichkeit zur Entstehung von Strömungen ist starker **Dauerwind** aus einer Richtung. Dieser kann Strömungen bis in ca. 5 m Wassertiefe bewirken.

Auch **Dichteunterschiede** aufgrund von **Temperaturunterschieden** oder Unterschieden im **Salzgehalt** können Strömungen (z.B. Golfstrom) verursachen.
In Meeren, die fast abgeschlossen sind (z.B. Mittelmeer), verdunstet sehr viel Wasser. Hierdurch steigt der Salzgehalt. Das Oberflächenwasser hat so eine höhere Dichte und sinkt ab, es strömt dann am Grund durch die geringen Öffnungen (z.B. bei Gibraltar) in den angrenzenden Ozean. Zum Ausgleich fließt frisches Wasser mit geringerer Dichte an der Oberfläche in das Meer zurück. Hierdurch entstehen gegenläufige Strömungen an der Oberfläche und in der Tiefe.

Wir unterscheiden zwei Arten von Strömungen:
- laminar (glatt und gleichmäßig)
- turbulent (Verwirbelungen an Hindernissen)

Schwankungen von Strömungsrichtung und -stärke sind schon bei geringfügigen Ortsveränderungen in einem Tauchgebiet möglich. An engen Passagen, vorspringenden Landzungen, Inseln etc. ist oft ein unterschiedliches Strömungsverhalten vorzufinden.

3.2 Gezeiten- und Windeinflüsse, Gezeitentabellen

Durch **Gezeiteneinflüsse** steigt und fällt in Europa zweimal täglich der Meeresspiegel.

Bezeichnungen:

Steigen	Flut
Fallen	Ebbe
höchster Stand	Hochwasser
niedrigster Stand	Niedrigwasser
Zeit zwischen zwei Niedrigwassern	Gezeit (Tide)
Höhenunterschied zwischen Hochwasser und dem darauf folgenden Niedrigwasser	Tiden- oder Gezeitenhub

Der Tidenhub lässt, bezogen auf eine bestimmte Tauchstelle, Rückschlüsse auf die relative Stärke der Strömung zu, denn diese ist abhängig von der Menge des Wassers, welches sich pro Zeiteinheit hin- und her bewegt.

Die Strömungsrichtung ist bei Flut zum Land hin, bei Ebbe vom Land weg.

An Inseln und Felsen erfolgen Strömungsänderungen, und dahinter liegt in der Regel Strömungsschatten vor. Je nach Unterwasserlandschaft kann es unterschiedliche Strömungsverhältnisse in unterschiedlichen Tiefen geben.

Durch **Windeinflüsse** wird das Wasser je nach seiner Stärke und Dauer der Einwirkung in eine andere Richtung (Oberflächenströmung) als die vorherrschende Richtung der Gezeitenströmung (Unterwasserströmung) bewegt. Bei entgegengesetzter Richtung kann sich ein starker Wellengang ergeben. Durch Wind entstandene Strömungen treten vor allem in Gegenden auf, wo der Wind tage- oder wochenlang in eine Richtung weht.

Gezeitentabellen

- geben Zeiten der täglichen Hoch- und Niedrigwasser an,
- sind für die Zukunft vorausberechenbar,
- sind ortsabhängig (Korrekturzeiten für naheliegende Orte werden angegeben),
- enthalten häufig auch eine Angabe des Tidenhubs (Stärke der Strömung),
- enthalten in Frankreich die Angabe eines Koeffizienten als Maß für den Tidenhub,
- müssen eine Gültigkeit vorweisen.

Datum	Hochwasser	Niedrigwasser	Hochwasser	Niedrigwasser
So. 19	02.53 ▲ 6,2 m	09.12 ▼ 1,6 m	15.24 ▲ 6,2 m	21.37 ▼ 1,5 m
Mo. 20	03.44 ▲ 6,7 m	10.02 ▼ 1,1 m	16.10 ▲ 6,7 m	22.23 ▼ 1,0 m
Di. 21	04.29 ▲ 7,1 m	10.47 ▼ 0,7 m	16.51 ▲ 7,0 m	23.07 ▼ 0,7 m
Mi. 22	05.10 ▲ 7,4 m	11.29 ▼ 0,6 m	17.30 ▲ 7,2 m	23.48 ▼ 0,6 m

Ausschnitt aus einer Gezeitentabelle

Die **Wahl der Tauchzeit** erfolgt idealerweise so, dass eine möglichst geringe Strömung zu erwarten ist. Daher wird möglichst schon bei der Planung der Tauchreise ein Zeitraum mit geringem Tidenhub bzw. geringem Koeffizienten ausgewählt.
Für die Tauchzeit des jeweiligen Tages werden zunächst aus der für den Tauchplatz gültigen Gezeitentabelle die Zeiten für Hoch- und Niedrigwasser bestimmt, denn dann herrscht Gezeitenstillstand und damit Strömungsstillstand (evtl.

Korrekturfaktor beachten). Der Beginn des Tauchgangs sollte möglichst kurz vor dem Gezeitenstillstand und das Ende kurz nach dem Gezeitenstillstand gelegt werden.

Strömungstauchen bedeutet Tauchen bei möglichst geringer Strömung!

Auch bei der **Auswahl des Tauchortes** kann berücksichtigt werden, einen Platz mit möglichst geringer Strömung zu wählen. Aus den Gezeitentabellen können Rückschlüsse auf die zu erwartende Strömungsrichtung am Tauchgebiet gezogen werden. An diesem Tauchort angekommen sollte in Abhängigkeit von der Strömungsrichtung der Ankerplatz so gewählt werden, dass er im Strömungsschatten liegt. Beim Tauchen vom Land sollten außerdem sehr gute Einstiegs- und Ausstiegsmöglichkeiten gewählt werden. Das Tauchgebiet sollte idealerweise im Strömungsschatten eines Riffs, eines Felsens oder einer Insel liegen.

3.3 Erkennen und Beurteilen von Strömungen

Damit wir beim Tauchen die Situation richtig einschätzen können und gar nicht erst in unsichere Problemfälle oder gar Gefahren geraten, sollten wir schon vor dem Sprung ins Wasser eine gute Vorstellung von dem haben, was uns im Wasser insbesondere hinsichtlich einer Strömung erwartet.

Bereits vor der Bootsausfahrt können anhand der Gezeitentabelle, der Überwasserlandschaft (Topografie) und der Seekarte Vorüberlegungen angestellt werden. So lässt sich anhand der geplanten Tauchzeit und der Gezeitenstillstände ermitteln, mit welcher Gezeitenströmung zu rechnen ist und ob möglicherweise besser eine andere Zeit für das Tauchen gewählt werden sollte. Anhand der Topografie und der Formation von Riffen und Felsen unter Wasser verbunden mit der voraussichtlichen Strömungsrichtung kann beurteilt werden, ob am Tauchgebiet mit Strömung oder mit Strömungsschatten zu rechnen ist.

Ein erfahrener Bootsführer wird schon vor der Auswahl des Tauchplatzes und vor dem Ankern eine gute Vorstellung von der zu erwartenden Strömung haben und kann dazu den Tauchgruppen Auskunft geben. So lassen sich bereits an der Oberfläche zum Beispiel durch die Neigung von verankerten Bojen Rückschlüsse auf die Strömung ziehen.

Nach der Verankerung des Bootes gibt die Ausrichtung des Bootes weitere Aufschlüsse. Grundsätzlich zeigt der Bug in die Richtung, aus der die Strömung kommt, falls die Ausrichtung nicht mehr vom Wind beeinflusst wird. Denn der Wind drückt das Boot oft in eine etwas andere Richtung. Je höher die Aufbauten mit ihrer Windangriffsfläche im Verhältnis zum Unterwasserteil des Bootsrumpfes sind, desto mehr wird das Boot durch den Wind ausgerichtet. Das ist dann an dem Unterschied zwischen der Richtung der Ankerleine und der Längsachse des Bootes zu erkennen!

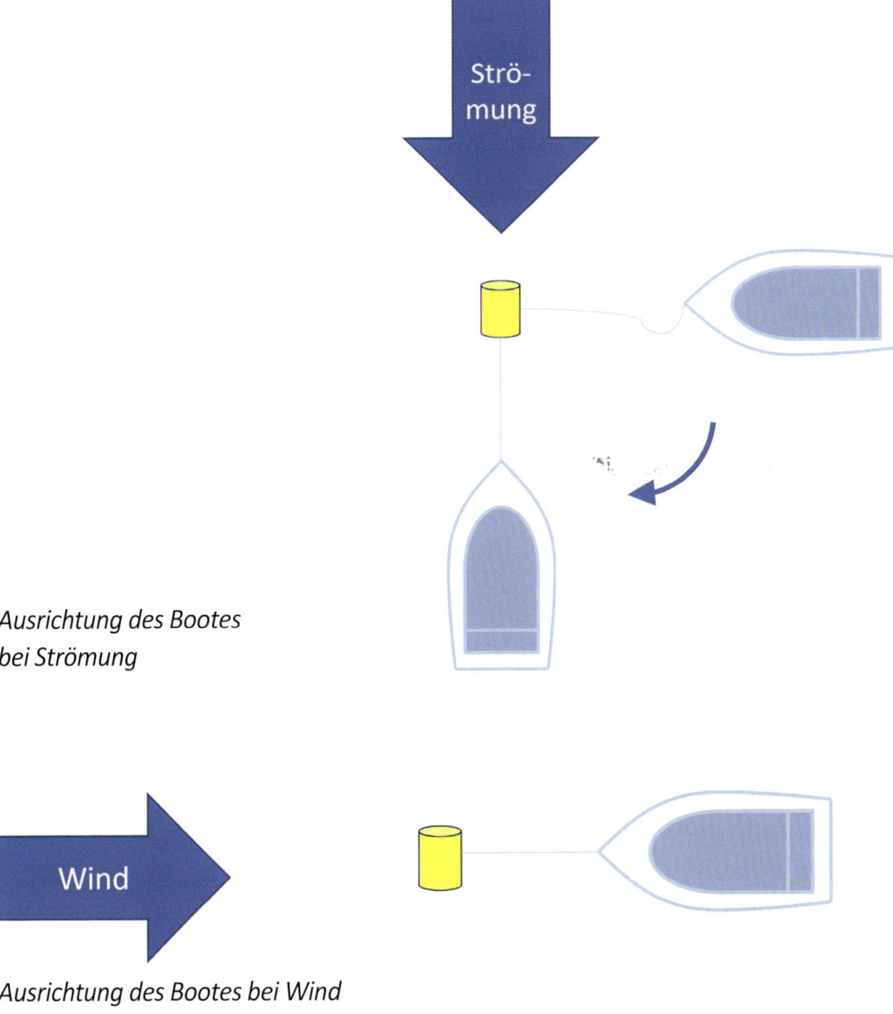

Ausrichtung des Bootes bei Strömung

Ausrichtung des Bootes bei Wind

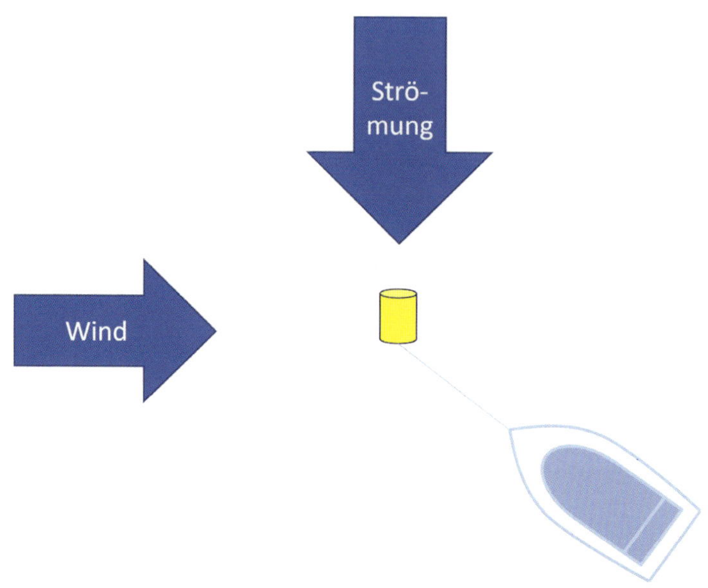

Ausrichtung des Bootes bei Strömung und Wind

Die Strömungsleine (ca. 100 m) mit einer Boje am Ende wird am Heck des Bootes zur Sicherheit für die Taucher befestigt, damit sie sich bei Bedarf daran festhalten können. An der Strömungsleine lässt sich jedoch nur bedingt die Strömungsrichtung erkennen, da sie besonders stark dem Einfluss des Windes an der Oberfläche unterliegt.

Zum Feststellen der Strömungsstärke nach dem Ankern ist es hilfreich, an der Oberfläche treibende Gegenstände oder Spucke zu beobachten. An der Geschwindigkeit des Treibens lassen sich Rückschlüsse auf die Strömung ziehen. Wenn die erste Gruppe ins Wasser gesprungen ist, wird beobachtet, ob diese gut gegen die Strömung anschwimmen kann. Ist ein Anschwimmen gegen die Strömung nicht möglich, wird der Tauchgang nicht unternommen.

Die weitere Entwicklung der Strömung sollte dann anhand der Gezeitentabelle geprüft werden: je weiter die Zeit vom Gezeitenstillstand entfernt ist, desto stärker wird die Strömung.

Damit die Tauchgruppen beim Tauchen möglichst wenig Strömung haben, ankert das Tauchboot idealerweise im Strömungsschatten eines Felsens oder Riffs, damit die Gruppen ebenfalls im Strömungsschatten tauchen können.

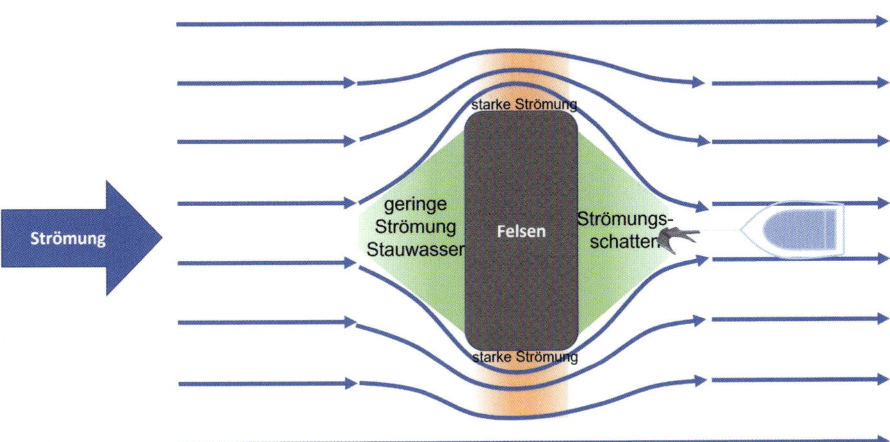

Strömungsschatten als Ankerplatz

4. Strömungstauchen in der Tauchpraxis

4.1 Planung von Strömungstauchgängen

Vor dem Tauchgang ist gegebenenfalls eine Taucherlaubnis zu besorgen. Die Wahl des Tauchplatzes und der Tauchzeit erfolgt wie im vorigen Abschnitt beschrieben.

Informationen über das Tauchgebiet beschaffst du dir

- von anderen Tauchern
- von örtlichen Tauchbasen
- vom Bootsführer
- von Einheimischen
- aus Seekarten

Informationen über Strömungs- und Windverhältnisse beschaffst du dir durch

- Wettervorhersage
- Seekarten
- Gezeitentabelle
- Über- und Unterwasserlandschaft
- Ausrichtung des Bootes (Achtung Windeinfluss!)
- Strömungsleine (nur bedingt)
- Bootsflagge
- Feststellen der Strömungsstärke

Mit diesen Informationen kann das Tauchgebiet ausgewählt und die Tauchzeit geplant werden, ebenso fließen in die Planung die festgestellte Strömungsrichtung und Strömungsstärke ein.

Kalkuliere bei vorhandener Strömung den erhöhten Luftverbrauch mit ein und plane auf dieser Grundlage gegebenenfalls eine kürzere Tauchzeit, eine geringere Tauchtiefe oder die Mitnahme größere Tauchgeräte. Auch für die Dekompressionsplanung spielt eine unter Wasser zu erwartende Anstrengung eine Rolle.

Eine mögliche Anstrengung ist auch für die Rückkehr zum Ausgangsort zu berücksichtigen. Bei einem Aufstieg im Freiwasser muss unter Umständen eine längere Strecke zurückgeschnorchelt werden, bei Landtauchgängen kann auch ein längerer Fußmarsch zurück erforderlich werden. An einem Tauchgang mit Strömung sollten daher nur konditionell gute Taucher teilnehmen! Auch dies ist bereits vor der Ausfahrt im Rahmen der Gruppenzusammensetzung zu berücksichtigen.

Ein Tauchgang sollte bei Strömung nur stattfinden, falls die Strömungsgeschwindigkeit auch in der Folgezeit absehbar kleiner bleibt als die Schwimmgeschwindigkeit der Taucher.

Da ein Strömungstauchgang besondere Anstrengung erfordert, sollte dieser nicht bei Nacht, in Grotten oder Höhlen oder in zu großen Tiefen stattfinden! Insbesondere sollten bei Strömung möglichst Nullzeittauchgänge durchgeführt werden.

4.2 Sicherheitsvorkehrungen

Niemand geht ins Wasser, bevor alle Vorbereitungen getroffen sind. Eine Strömungsleine von ca. 100 m Länge mit einer Boje am Ende wird ausgelegt, damit sich abtreibende Gruppen im Notfall an ihr festhalten können.

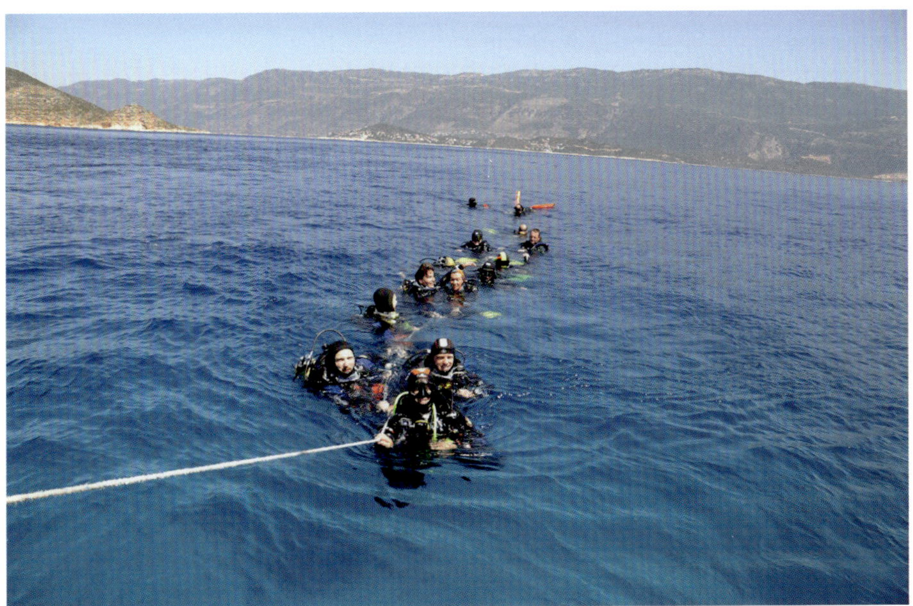

Strömungsleine

Üblicherweise wird beim Tauchen vom Boot ein Reservetauchgerät zur Sicherheit herausgehängt und vorher auf Funktion gecheckt. Die vom Boot gesetzte Taucherflagge ermöglicht ebenso das Feststellen der Windrichtung.

Beim Tauchen von einem größeren Boot mit mehreren Gruppen muss ein motorisiertes Beiboot startklar einschließlich eingewiesener Besatzung vorhanden sein, dies wird vor dem Tauchen gecheckt. Nur so kann eine abgetriebene Tauchgruppe zurückgeholt werden, wenn sie nicht zurück schnorcheln kann.
Der Bootsführer bleibt unabhängig davon an Bord.

Vor dem Tauchgang wird eine Einweisung in das Tauchgebiet gegeben, die auch die Strömungsrichtung und Strömungsstärke enthält. Ebenso werden Hinweise zum an die Strömung angepassten Kurs gegeben. Die Tauchzeit, Tauchrichtung und Notsignale werden mit dem Bootsführer abgesprochen.

Ist es nur unter großer Anstrengung möglich, zur Ankerleine zu schwimmen, so ist die Strömung zu stark. Dann wird der Tauchgang abgebrochen.
Jede Gruppe setzt beim Aufstieg eine Signalboje, falls nicht unmittelbar in der Nähe des Tauchbootes aufgetaucht wird. Die Gruppe gibt beim Auftauchen das große OK-Zeichen (mit gestrecktem Arm oder als großer Kreis mit beiden Armen) zum Boot, wenn alles in Ordnung ist. Anderenfalls muss von einem Problem ausgegangen werden, und es wird ein Rettungsmanöver mit dem Beiboot eingeleitet.

Beim Tauchen mit Strömung sollten Atemregler verwendet werden, die nicht bei Strömung abblasen oder entsprechend eingestellt werden können. Beim Ein- und Ausstieg sind Maske und Flossen möglichst anzubehalten, da sonst bei einem Sturz ins Wasser der Taucher abgetrieben wird.

4.3 Spezielle Inhalte der Vorbesprechung

Neben den üblichen Inhalten der Tauchgangsvorbesprechung ist bei Tauchgängen mit Strömung auf besondere Themen einzugehen.

- Strömungsrichtung und Strömungsstärke sowie Windrichtung
- Festlegung der Tauchzeit und Tiefe unter Berücksichtigung der Strömung, der Tauchgang sollte ein Nullzeittauchgang sein
- Tauchrichtung abhängig von Oberflächenströmung
- Maßnahmen und Verhalten beim Aufstieg im freien Wasser
- Zeichengabe an der Wasseroberfläche
- Maßnahmen bei der Gefahr des Abtreibens
- Erkennen eines Essoufflements und Unterwasser-Zeichen zum Anzeigen, Maßnahmen beim Auftreten sowie Verhalten zur Vorbeugung eines Essoufflements

Bei Tauchgebieten mit Gezeiten wird auch die Umkehr der Strömung durch den Gezeitenwechsel angesprochen, daher wird der Gezeitenstillstand festgestellt, und es erfolgt eine genaue Planung der Strömung aufgrund der Gezeiten.
Vor der Gruppeneinteilung sollte auch anhand der zu erwartenden Strömung geklärt werden, welche Taucher aufgrund ihrer Erfahrung, Qualifikation und Kondition mittauchen können.

4.4 Orientierung und Richtung von Tauchgängen bei Strömung

Eine richtige Orientierung ist Grundvoraussetzung zur Vermeidung von Notfällen und unnötigen Rettungsmanövern!

Dazu ist es erforderlich, vor dem Tauchgang die Strömungsrichtung festzustellen und sich die entsprechende Kompassrichtung zu merken! Dabei kann allerdings nur die Oberflächenströmung festgestellt werden, die Grundströmung kann durchaus davon abweichen. Die Oberflächenströmung ist jedoch auch besonders relevant, da sie das Treiben der Tauchgruppe nach dem Auftauchen bestimmt.

Unter Wasser lässt sich eine Strömungsrichtung erkennen, wenn es dort feste Bezugspunkte gibt. Du als Taucher spürst selbst die Richtung, in die dich die Strömung bei Grundsicht zieht. Die Neigung der Pflanzen richtet sich nach der Strömung aus, auch die Fische stellen sich bei scheinbarer Bewegungslosigkeit gegen die Strömung. Du kannst an den Luftblasen unserer Ausatemluft erkennen, in welche Richtung diese durch die Strömung treiben. Auf Sandgrund kann auch die Strömungsrichtung festgestellt werden, indem feiner Sand herabgerieselt wird. So kann die Strömungsrichtung als Orientierungshilfe genutzt werden.

Um nicht bereits beim Abtauchen abgetrieben zu werden, wird grundsätzlich an der Ankerleine abgetaucht und an der Ankerleine wieder aufgetaucht. Das macht das Abtauchen nicht nur einfacher, weil man sich festhalten kann, sondern verhindert auch ein unbeabsichtigtes Verfehlen des Tauchplatzes. Nur bei guter Grundsicht und mit entsprechender Kraftanstrengung gegen die Strömung kann in Abhängigkeit von der Strömungsstärke auch im freien Wasser direkt zum Grund getaucht werden.

Unter Wasser ist die Strömung nicht nur hinderlich. Sie kann sogar hilfreich sein, indem sie ersatzweise für den Kompass eine konstante Richtung angibt, an der man sich orientieren und die Tauchrichtung in einem festen Winkel zur Strömungsrichtung einhalten kann. Diese Strömungsrichtung ist als Orientierungshilfe jedoch nicht immer zuverlässig. Achte auf unter Umständen wechselnde Strömungen um Felsen, Geländeformationen oder bei Gezeitenwechsel und auf starke Strömungen an Engstellen! Am Anker bzw. am Grund kann auch eine eventuell abweichende Grundströmung festgestellt werden. Am Grund ist es hilfreich, den Hin- und Rückkurs je nach Gegebenheiten quer zur Ankerleine zu wählen, um diese beim Rückweg besser auf der passenden Tiefenlinie wieder zu finden.

Der Tauchgang wird grundsätzlich gegen die Oberflächenströmung begonnen. Sind Oberflächen- und Grundströmung unterschiedlich, so wird gegen die Oberflächenströmung getaucht. Dadurch kann in der Regel erreicht werden, dass bei einem nicht gewollten Aufstieg im Freiwasser zum Beispiel beim Nichtwiederfinden des Bootes jedenfalls vor dem Boot aufgetaucht wird und die Tauchgruppe mit der Strömung zurück zum Boot treiben kann. Taucht die Gruppe hingegen hinter dem Boot auf, so muss gegen die Strömung angeschwommen werden. Dies ist nicht nur anstrengend, sondern je nach Strömungsstärke und Entfernung auch manchmal nicht zu schaffen, so dass dann ein Einholen der Gruppe mit dem Beiboot erforderlich wird. Dies bedingt jedoch, dass die abtreibende Gruppe vom Tauchboot aus bemerkt wird. Daher ist eine gute Beobachtung des Gebietes durch die Sichernden an Bord sowie das senkrechte Setzen der Signalboje beim Auftauchen und beim Treiben an der Oberfläche wichtig.

Während des Tauchgangs wird bei Strömung guter Grundkontakt gehalten und der Strömungsschatten von Geländeformationen ausgenutzt. Damit ist eine kraftsparende Fortbewegung auch bei Strömung möglich.

Die Strömung ist beim Tauchen für die Orientierung mit einzukalkulieren. Je nachdem, ob die Strömung von vorne oder von hinten kommt, werden unterschiedliche Strecken bei gleicher Zeit zurückgelegt. Dieser Unterschied kann geschätzt werden und wird dann in die Zeit für den Hin- und Rückweg eingerechnet.

Kommt die Strömung von der Seite, so bewirkt sie einen Versatz. Um den realen Kurs über Grund zu tauchen, muss man beim Tauchen gegen diesen Versatz vorhalten, aber auch nicht zu viel. Du tauchst dann nicht direkt auf das Zielobjekt zu, sondern auf ein imaginäres Ziel, das du dir entsprechend versetzt gegen die Strömung denkst. Eine gute Möglichkeit bietet sich bei guter Sichtweite, indem zunächst die gewünschte Richtung mit dem Kompass angepeilt wird und dann ein markanter Punkt auf diesem Kurs gemerkt wird. Dieser wird dann angetaucht und anschließend der nächste markante Punkt angepeilt und fixiert, so dass man von Punkt zu Punkt auf dem gewünschten Kurs weiterkommt. Auf dem Weg zu diesem Punkt nimmt die Tauchrichtung mit der Längsachse des Tauchers einen um die Strömung korrigierten Kurs ein. Dieser Kompasskurs führt dann zu dem gewünschten tatsächlichen Kurs über Grund und kann auch als Anhalt dienen, wenn keine markanten Punkte auf dem weiteren Weg zur Verfügung stehen.

Für die Rückkehr zum Anker ist wegen der im Regelfall größeren Geschwindigkeit eine kürzere Zeit erforderlich und einzuplanen. Findet die Gruppe den Anker nicht wieder, weil sie sich falsch orientiert hat, so kann daraus eine Gefahrensituation entstehen. Die Gruppe muss dann im freien Wasser aufsteigen. Dabei muss versucht werden, vorlicher als querab vom Boot aufzutauchen, um nicht gegen die Strömung zum Boot zurückschnorcheln zu müssen. Um das zu erreichen, sollte schon während des Aufstiegs mit ausreichend Flossenschlag gegen die vorher per Kompass festgestellte Oberflächenströmung

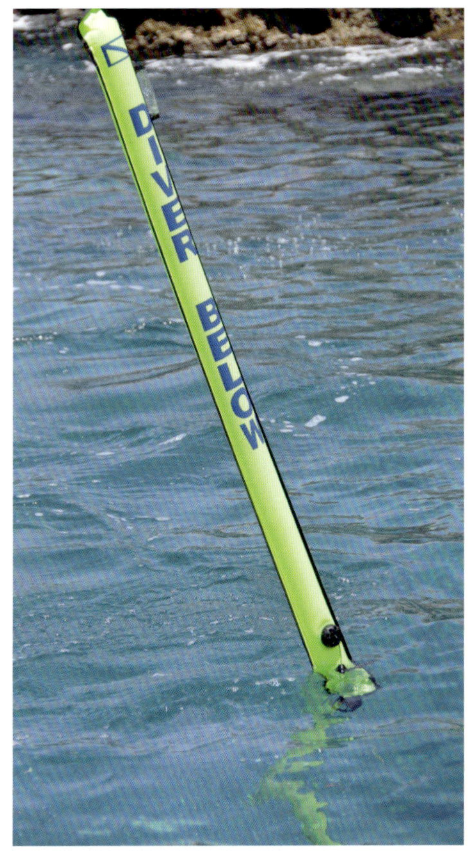

Signalboje an der Oberfläche

angetaucht werden! Außerdem sollte ein Aufstieg im Freiwasser zügig erfolgen, um ein weiteres Abtreiben zu minimieren.

Da das Einhalten von Dekompressionsstopps im Blauwasser bei echter Strömung nur mit Abtreiben möglich ist, sollten möglichst Nullzeittauchgänge unternommen werden.

Ein Rückweg im Freiwasser nach Kompasskurs muss mit einem um den Strömungsversatz korrigierten Kurs erfolgen, um vor dem Boot aufzutauchen.

Auch bei Tauchgängen mit Strömung sollte eine maximale Entfernung vom Einstieg oder vom Boot vereinbart werden.

4.5 Tauchverhalten bei Strömung

Auch bei sorgfältiger Planung und Vorbereitung von Strömungstauchgängen kommt es darauf an, auch das Tauchverhalten unter Wasser sinnvoll an die Strömung anzupassen, um ein Abtreiben, eine Fehlorientierung, eine Erschöpfung

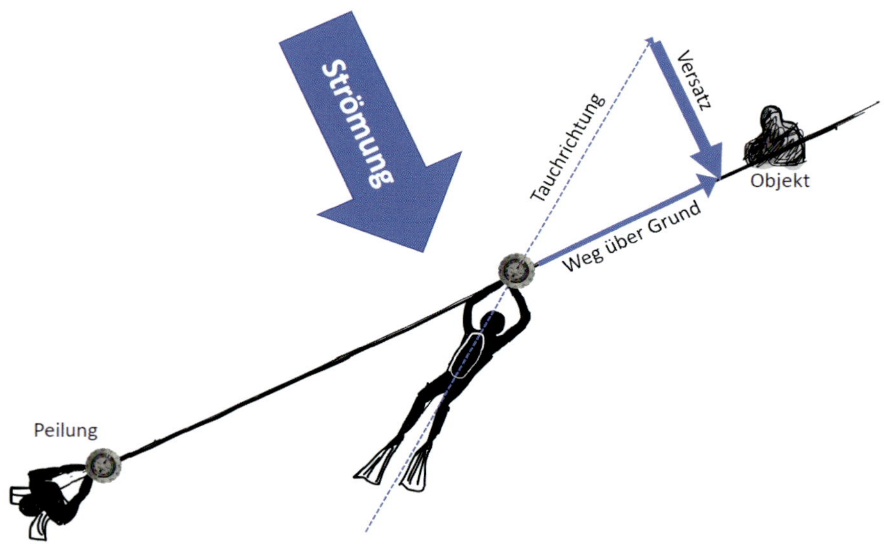

Orientierung mit Kompass bei Strömung

durch erhöhte Anstrengung oder auch die Beschädigung z.B. der Riffformation durch Festhalten zu vermeiden und keine sicherheitskritischen Situationen zu erzeugen. Dies fängt schon mit der Ausrüstungskonfiguration an. Um den eigenen Strömungswiderstand auf ein Minimum zu reduzieren, ist es wichtig, dass alle Ausrüstungsteile eng am Körper anliegen und idealerweise so verstaut sind, dass sie nicht frei herum hängen. Das fängt bei den Atemreglerschläuchen an, die eng am Körper geführt werden und auch die passende Länge haben sollen. Nicht benötigte Schläuche und Ausrüstungsgegenstände werden abmontiert und gar nicht erst mitgenommen. Finimeter werden mit Karabinern an der Ausrüstung befestigt. Reservelampen, Messer, Schnorchel etc. werden eng am Jacket oder an der Begurtung befestigt. Konsolen sind ohnehin ungeeignet. Die Signalboje mit Spool wird gegen unbeabsichtigtes Öffnen gut gesichert und mit dem Doppelender eingehängt, idealerweise in einer Beintasche oder im Jacket.

Einen großen Anteil am Wasserwiderstand hat jedoch das Jacket und die Lage. Je geringer das Jacket mit Luft gefüllt ist und je strömungsgünstiger es gebaut ist, desto geringer ist der Widerstand durch die Verdrängung. Daher ist auch hier ein sauberer Bleicheck vor dem Tauchgang eine wichtige Voraussetzung, dass auch kein Kilogramm zu viel mitgenommen wird, das sonst durch zu viel Luft in der Lunge oder im Jacket kompensiert wird. Beim Tauchen ist ein gut tarierter Zustand und ein ordentlicher Trimm, also eine waagerechte Wasserlage, die halbe Miete für eine strömungsgünstige Fortbewegung. Dies hängt auch von der Konfiguration des verwendeten Tauchgeräts, Jackets und der Positionierung des Bleis ab und kann bereits im Vorfeld des Tauchgangs optimiert werden.

Zur strömungsgünstigen und kräftesparenden Fortbewegung unter Wasser gehört dann ein effektiver Flossenschlag. Während ein Frog-Kick bei Tauchgängen eingesetzt wird, um Aufwirbelungen zu vermeiden, ist er bei Strömung nicht ideal, da die vorwärts gerichtete Kraft immer wieder unterbrochen wird und daher der Gegenströmung ermöglicht, den Taucher zu bremsen. Ein kontinuierlicher, kräftiger Flossenschlag mit gestreckten Beinen aus dem Oberschenkel heraus ist daher zu empfehlen. Um Kraft zu sparen, sollte der Flossenschlag lang und kräftig sein, lediglich für kurze Phasen bei stärkerer Strömung sind kurze schnelle Flossenschläge besser.

Auf Grund der Empfehlung eher in der Nähe des Grundes zu tauchen muss hierbei jedoch auch ein guter Kompromiss zwischen Flossenschlag und Sedimentaufwirbelung und Berührung des Grundes mit den Flossen gefunden werden, um auch Strömungstauchen ökologisch verträglich zu gestalten. Ist dies nicht (mehr) möglich, sollte der Tauchgang abgebrochen werden oder von vornherein abgesagt werden. Die Tauchgruppe sollte in jedem Fall einen guten Trainingszustand haben.

Schon unmittelbar nach dem Sprung ins Wasser setzt bei Strömung sofort die Flossenbewegung gegen die Strömung ein, da sonst ein Abtreiben die Folge ist. Um bereits hier Anstrengung zu vermeiden, kann und sollte auch die Strömungsleine zur Hilfe genommen werden. Hilfreich kann bei stärkerer Strömung auch eine Leine sein, die von der Ankerleine zum Einstieg verlegt wird, damit sich die Tauchgruppe kraft- und luftsparend zur Ankerleine ziehen kann.

Um beim Abtauchen ein Abtreiben im Blauwasser zu vermeiden, sollte möglichst an der Ankerleine abgetaucht werden, da diese nicht nur eine optische Referenz bietet, sondern bei Bedarf auch mit der Hand zur Hilfe genommen werden kann. Es sollte dann zügig der Grund erreicht werden, an dem in der Regel die Bodenformation genutzt werden kann, um sich strömungsgeschützt zu bewegen.

Beim Tauchen gibt es gewisse Techniken, um sich strömungsgünstig und kräftesparend zu verhalten. Mit zunehmender Erfahrung wirst du erkennen, an welchen Stellen mit geringerer Strömung zu rechnen ist, wie du aus starken Strömungen herauskommst oder wo du gar Gegenströmungen ausnutzen kannst.

Bewegst du dich bei Strömung im freien Wasser, so hast du beim Hinweg die maximale Strömung gegen dich und musst dagegen mit maximalem Flossenschlag ankämpfen. Das ist auch der Fall, wenn die Tauchgruppe sich einige Meter über dem Grund bewegt. Wesentlich kräftesparender ist es, so nah wie möglich am Grund zu bleiben und zusätzlich Felsen, Wände und Vorsprünge als Strömungsschatten zu nutzen, ohne sich jedoch direkt am Grund festzuhalten.

Ein Tauchgebiet mit solchen Felsen oder unebenen Bodenformationen kann daher gut auch bei Strömung erkundet werden. Die Strömung staut sich vor dem Felsen, in diesem Gebiet herrscht dann fast keine Strömung. Da diese Wassermenge jedoch um den Felsen herum muss, herrscht an diesen Stellen um den Felsen eine deutlich höhere Strömungsgeschwindigkeit. In dem Bereich hinter dem Felsen hingegen steht das Wasser fast, dies wird als Strömungsschatten bezeichnet. Manchmal herrscht dort aufgrund der Verwirbelung des um den Felsen herumströmenden Wassers an den Kanten sogar eine Gegenströmung. Dieser Strömungsschatten ist ideal zum Tauchen ohne Anstrengung und zum Ausruhen der Tauchgruppe. Auch für eventuelle Stopps beim Aufstieg sollte man sich solche Zonen mit Strömungsschatten suchen, wenn nicht an der Ankerleine aufgetaucht wird.

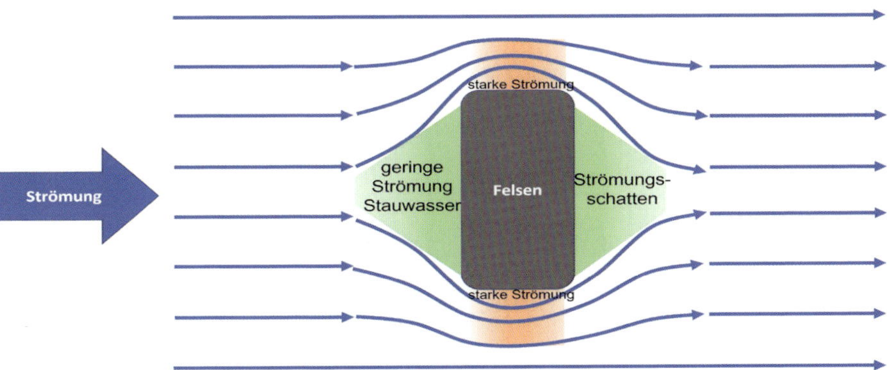

Strömungsverhältnisse vor und hinter einem Felsen

Auch beim Tauchen über einen Felsen hinweg muss entsprechend mit starker Strömung gerechnet werden, während davor und dahinter Strömungsschatten herrscht.

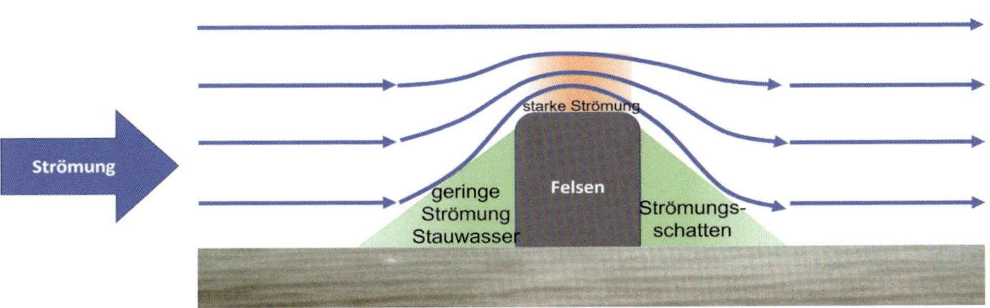

Strömungsverhältnisse über einem Felsen

Tauchst du also auf einen solchen Felsen zu, so bewege dich möglichst nach am Grund in den Strömungsschatten, um dann zügig mit gewisser Kraftanstrengung über oder neben dem Felsen schnell auf die andere Seite zu kommen. Hier kannst du direkt wieder das Stauwasser mit geringer Strömung aufsuchen und dort mit geringer Anstrengung weitertauchen.

Besonders starke Strömungen finden sich an Engstellen, wenn die Wassermassen auf Hindernisse treffen und sich durch verengte Stellen oder Durchlässe hindurch bewegen müssen. Hier erhöht sich die Durchflussgeschwindigkeit erheblich, so dass die Strömung stark zunimmt. Auch hier näherst du dich der Engstelle möglichst von der Seite im Schatten des Felsens und tauchst dann möglichst zügig mit schnellem Flossenschlag durch die Engstelle, wenn es nicht einen besseren Weg zum Beispiel über das Hindernis hinweg gibt.

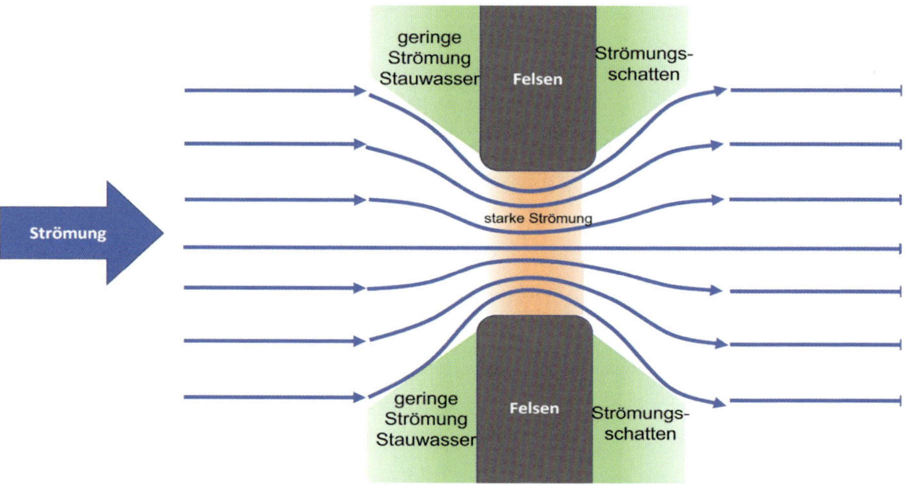

Strömungsverhältnisse an Engstellen

An solchen Engstellen und Kanälen können auch durchaus kritische Situationen entstehen, wenn sich das Wasser vor einer Riffwand staut, dann beschleunigt durch den Kanal gedrückt wird und dabei Taucher mit erfasst werden. So können Tauchgruppen durch Strömungen mit erfasst und ins Meer hinausgetrieben werden. Ein Anschwimmen gegen diese starke Strömung ist dann nicht mehr möglich.

An steilen Wänden und Riffs können auch vertikale Strömungen auftreten, die also nach oben oder nach unten verlaufen. Diese können je nach Stärke auch eine Tauchgruppe mit nach unten ziehen oder ein Aufsteigen ohne Einhalten der Aufstiegsgeschwindigkeit oder der Austauchpausen zur Folge haben. In solchen Fällen hilft es, möglichst nah an die Wand heran zu tauchen und dort den Strömungsschatten auszunutzen.

4.6 Maßnahmen in besonderen Situationen

Es kann sein, dass die **Strömung unter Wasser stärker als Oberflächenströmung** ist.

- Falls die Tauchgruppe nicht mehr gegen diese Strömung anschwimmen kann, bleibt nur der Abbruch des Tauchgangs.
- Anderenfalls ist es beim Tauchen gegen die Strömung wichtig, den Strömungsschatten von Geländeformationen auszunutzen, in Grundnähe zu tauchen ohne direkte Grundberührung zu haben. Im Strömungsschatten kann auch bei Bedarf eine kurze Tauchpause eingelegt werden.

Bei **Verlust der Orientierung** sollte ein möglichst sicheres Vorgehen gewählt werden.

- Das Auftauchen im Freiwasser erfolgt gegen die Oberflächenströmung unter Beachtung der Austauchregeln und mit Setzen der Signalboje. An der Oberfläche wird das OK-Zeichen zur Sicherungsgruppe oder Bootsbesatzung gegeben, falls alles in Ordnung ist.
- Möglichst vorlicher als querab vom Boot auftauchen!
- Oben ist schnelles Handeln wichtig, sonst treibt die Gruppe weiter ab!

Grundsätzlich kommt man unter Wasser besser gegen die Strömung an als an der Oberfläche. Falls die Gruppenmitglieder nach schneller Prüfung der Finimeter noch genügend Luft haben und noch fit genug sind, kann die Gruppe auch unter Wasser zum Schiff zurücktauchen, nachdem vorher schnell der Kurs zum Schiff unter Berücksichtigung der Strömung festgestellt wurde. Für diesen Kurs ist der Versatz durch die Strömung mit einzurechnen und daher ein Ziel vor dem Bug angepeilt werden, sonst kommt die Gruppe hinter dem Schiff an.

Anderenfalls schnorchelt die Gruppe effektiv zurück zum Boot, d.h. idealerweise auf dem Bauch mit Maske und Schnorchel, um eine gestreckte Lage zu halten und den Kurs halten zu können.

Alternativ kann auch ein schwimmerisch starkes Gruppenmitglied an der Oberfläche zum Boot schnorcheln und mit dem Arm die Richtung anzeigen, während der Rest der Gruppe unter Wasser in ca. 3 m Tiefe unter Kontakthaltung zum Schwimmer folgt, wobei der Gruppenleiter unter Wasser auf dem Rücken und noch vor dem Schwimmer taucht.

Falls die **Strömungsgeschwindigkeit größer ist als die Schwimmgeschwindigkeit**, so hilft das nicht.

- Dann ist ein Ankämpfen gegen die Strömung zwecklos. Die Gruppe muss eng zusammenbleiben, ein Notsignal zum Schiff geben und sich vom Beiboot einsammeln lassen, weil dies eine Gefahrensituation darstellt!
- Besondere Gefahr besteht, wenn mehrere Gruppen abtreiben. Dann reicht das Beiboot zum Einsammeln unter Umständen nicht mehr aus. Je nach Lage muss der Schiffsführer dann das Tauchboot vom Anker lösen, um die Gruppen einzusammeln. Daraus folgt eine Gefahr für die Gruppen, die sich noch unter Wasser befinden!
- In jedem Fall bedeutet Abtreiben eine Notsituation, aus der sich größere Folgegefahren entwickeln können.

Um nicht in solche kritischen Situationen zu kommen, ist so wichtig:

- die richtige Orientierung,
- das Wiederfinden des Ankers,
- das richtige Verhalten beim Auftauchen im Freiwasser und
- eine gute Kondition der Taucher!

Das **Setzen der Signalboje** ist immer dann erforderlich, wenn die Tauchgruppe nicht in unmittelbarer Nähe des Bootes wieder auftaucht. Dann wird bereits unter Wasser die Signalboje an die Wasseroberfläche gelassen, um der Bootsbesatzung die Position der Gruppe zu signalisieren. Eine Signalboje wird auch bei Austauchpausen im freien

Wasser, bei Abtreiben, bei Freiwasseraufstiegen und anderen Komplikationen unter Wasser gesetzt, um die Position zu markieren.

Die Boje sollte eine Länge von etwa 140 cm und einen Durchmesser von etwa 15 cm haben. Kürzere Bojen sind im Meer bei Wellengang nicht mehr zu erkennen und längere Bojen können an der Oberfläche leichter wieder umknicken, wenn sie nicht vollständig gefüllt sind.

Bojen sollten ein Schnabelventil besitzen, damit die eingefüllte Luft nicht mehr entweichen kann. Ein Ventil zur Befüllung mit dem Inflatorschlauch ist zulässig. Dafür kann dann aber nur der Inflator des Trockentauchanzugs verwendet werden. Ein Abkoppeln des Jacket-Inflators zur Befüllung der Boje ist nicht zulässig, da sonst im Bedarfsfall das Jacket nicht mehr belüftet werden kann und ein Absacken zur Folge hätte. Die Spool sollte eine Leinenlänge von 25 bis 50 m haben, damit die Boje auch aus diesen Tiefen gesetzt werden kann. Idealerweise erfolgt das Setzen der Boje nicht erst auf den Austauchstufen oder beim Sicherheitsstopp, sondern so früh wie möglich auf mindestens 10 m Tiefe, damit die Boje beim Aufsteigen an die Oberfläche auch mit ausreichend Luft gefüllt ist. Beim Befüllen in der Tiefe vergrößert sich das Luftvolumen in der Boje auf dem Weg nach oben nach dem Gesetz von Boyle-Mariotte.

Bevor die Boje gesetzt wird, formiert sich die Gruppe, damit niemand aus den Augen verloren wird. Der Gruppenführer bestimmt, wer die Boje setzt. Dieser wird durch einen Mittaucher gesichert, der sich in Griffweite daneben positioniert, um direkt eingreifen zu können.

Das Setzen der Boje beginnt im austarierten Zustand. Zunächst wird die mit der Spool bereits verbundene Boje entrollt und der Doppelender-Karabiner wird von der Spool entfernt und an der eigenen Ausrüstung fixiert. Boje und Spool haben keine feste Verbindung zum Taucher, damit sie bei Bedarf sofort losgelassen werden können.

Nun wird die Boje zunächst leicht aufgeblasen, bis sie vertikal aufgerichtet ist. Dies kann auf unterschiedliche Art und Weise erfolgen. Bei der gebräuchlichen Methode geht der Taucher zunächst auf seinen Zweitatemregler über, um den Hauptatemregler mit der Länge des Schlauches zum Befüllen der Boje nutzen zu können. Mit der linken Hand wird die Spool mit der Boje gehalten, mit der rechten Hand wird aus dem Atemregler etwas Luft in die Boje gelassen. Um den hierbei entstehenden höheren Auftrieb zu vermeiden, kann die Boje auch mit Luft aus dem Jacket oder mit der eigenen Ausatemluft befüllt werden, indem die Ausatemöffnung des gerade zum Atmen genutzten Atemreglers unter die Bojenöffnung gehalten wird. Dabei ändert sich der Tarierzustand nicht. Eine Befüllung mit dem Inflatorschlauch des Trockentauchanzugs ist bei entsprechender Vorrichtung ebenfalls möglich. Wird die Befüllung über ein Ventil mit Ausatemluft vorgenommen, darf dabei kein erhöhter Ausatemwiderstand vorhanden sein, denn ein Pressdruck könnte den Übertritt von Gasblasen über ein offenes Foramen Ovale verursachen.

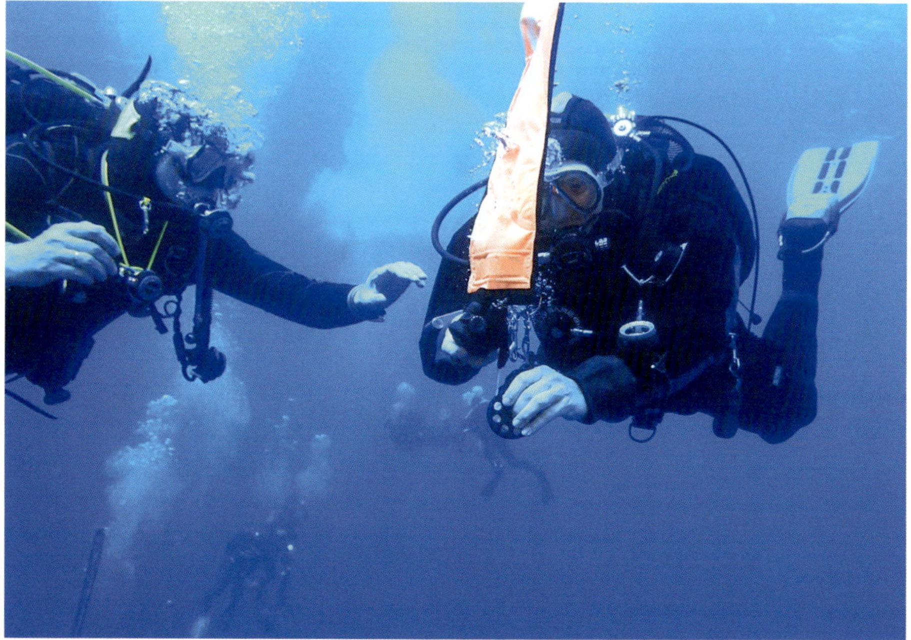

Setzen der Signalboje

Anschließend wird mit dem Atemregler die Boje schnell und kräftig gefüllt, dann wird die Boje losgelassen und die Spool rollt sich zwischen den Fingern gleitend ab. Die Spool wird aber nicht losgelassen. Da beim Aufsteigen der Boje diese einen hohen Auftrieb hat und es durchaus möglich ist, dass der Bojensetzer sich versehentlich an der Bojenleine verhakt oder die Boje nicht rechtzeitig loslässt, ist ein ungewolltes Aufsteigen oder gar Hochschießen des Bojensetzers nicht auszuschließen. Daher wird dieser während des Befüllens der Boje von dem Mittaucher gesichert, indem beispielsweise ein Finger lose in einen D-Ring des Jackets gehakt wird, ohne den Bojensetzer jedoch zu behindern oder in seiner Tarierung zu beeinflussen.

Bei dem Setzen der Boje achtet die gesamte Gruppe darauf, dass die Tiefe dabei gehalten wird, denn durch die Ablenkung bei der Übung ist ein Absinken leicht möglich.

Wenn die Boje an der Wasseroberfläche angekommen ist, wird die Leine unter Zug gehalten, damit die Boje stehen bleibt. Überschüssige Leine wird wieder auf die Spool aufgerollt und mit dem Doppelender-Karabiner wieder daran fixiert. Auch dann wird die Spool nicht am Jacket befestigt, um nicht versehentlich mitgerissen zu werden. Anschließend kann der Tauchgang mit der Boje beendet werden, beim Auftauchen wird die Bojenleine kontinuierlich weiter aufgespult.

An der Oberfläche angekommen dient die Boje weiter der Positionsbestimmung für die Bootsbesatzung, daher bleibt sie gefüllt und wird leicht nach unten gezogen, damit sie senkrecht steht und weit gesehen werden kann.

Das Setzen einer Boje dient der Oberflächenmarkierung für eine treibende oder aufsteigende Tauchgruppe. Wird eine zweite Boje direkt daneben oder an der Leine der ersten Boje gesetzt, so bedeutet dies, dass das Tauchteam Assistenz von der Oberfläche benötigt.

4.7 Strömungstauchgänge von Land

Die besprochenen Verhaltensregeln, Sicherheitsvorkehrungen und Planungen bezogen sich auf einen Tauchgang vom Boot. Beim Tauchen von Land bei Strömung gelten im Wesentlichen die gleichen Grundsätze, aber auch einige weitere Regeln. Beim Tauchen in Gewässern mit Gezeiten ist eine vorherige Planung mit Feststellen des Gezeitenstillstands und Vorüberlegungen zur erwartenden Strömungsrichtung und Strömungsstärke eine Grundvoraussetzung. Damit kann dann der richtige

Zeitpunkt für den Tauchgang, also um den Zeitpunkt für das Hoch- oder Niedrigwasser herum, gewählt werden.

- Idealerweise liegt der Beginn des Tauchgangs etwa 15 bis 30 Minuten vor dem Gezeitenstillstand, um noch bei nahezu Stillstand ohne die Gefahr des Abtreibens auszutauchen.
- Außerhalb der Stillstandszeiten kann die Strömung so stark sein, dass sich kein Taucher mehr in ihr auf einer festen Position zum Grund halten kann.
- Einen Tauchgang von Land niemals bei Ebbe, also bei ablaufendem Wasser, durchführen! Anderenfalls kann die Stärke und Geschwindigkeit des ablaufenden Wassers zu hoch sein, um dagegen in Richtung Ufer zurückzuschwimmen, und die Tauchgruppe würde sonst ins offene Meer getrieben.
- Gegen die Oberflächenströmung abtauchen.
- Ein Tauchgang mit der Strömung parallel zum Ufer ist je nach vorheriger Planbarkeit möglich. Dann ist es aber wichtig, vorher eine geeignete Ausstiegsmöglichkeit festzustellen und einen Fußmarsch zurück zum Ausgangspunkt einkalkulieren.
- Strömungsschatten ausnutzen.
- Erhöhten Luftverbrauch einkalkulieren.
- Mitführen einer Signalboje bei jedem Mittaucher.
- Rückkehr zum Ausgangspunkt planen oder alternativen Ausstiegsort festlegen.
- Auch an Land das Tauchziel und die voraussichtliche Rückkehrzeit hinterlassen!

Beim Tauchen in Ufernähe kann je nach Uferbeschaffenheit, Wind und Wellengang eine **Brandung** herrschen. Dann ist zusätzliche Vorsicht geboten, denn unter Umständen ist dann ein Ausstieg auch an vorhandenen Leitern nicht oder nur unter hoher Verletzungsgefahr möglich.
Bei Auftauchen im Bereich einer Brandung besteht ebenso eine sehr große Verletzungsgefahr an Felsen und Riffkanten aber auch durch die Kraft der Welle (z.B. Wasserwirbel, Gewichtskraft der Wassermasse etc.). Von einem Boot kann eine Gruppe im Brandungsbereich nicht aufgenommen werden. Bei ungeübten Tauchern besteht Panikgefahr, generell können Ausrüstungsteile wie z.B. die Maske leicht verloren gehen. Für die einzelnen Taucher können Probleme wie Seekrankheit, Erschöpfung bis zum Ertrinken entstehen. Daher muss ein Auftauchen

in der Brandung prinzipiell vermieden werden, denn mit der Ausrüstung ist es fast unmöglich, sich in der Brandung aufzurichten oder an Land zu gelangen.

4.8 Drift-Tauchgänge

Eine besondere und vielerorts praktizierte Art des Strömungstauchens ist das Tauchen bei nicht geankertem Boot. Ein solcher Tauchgang wird auch als Drift-Tauchgang bezeichnet. Dabei taucht man mit der Strömung in der Regel parallel zu einem Riff, das Boot folgt den Luftblasen und nimmt alle Tauchgruppen nach einer festgelegten Zeit an einem festgelegten Ort wieder auf. Wie bei jedem Freiwasseraufstieg im Meer wird zuvor eine Signalboje gesetzt.
Drift-Tauchgänge haben ein höheres Risikopotenzial, weil das Auftauchen im Freiwasser erfolgt und sich daher Tauchgruppe und Boot erst wieder finden müssen. Das Wiederfinden der Tauchgruppe durch das Boot setzt voraus, dass die Position der Tauchgruppe z.B. durch deren Luftblasen vom Boot verfolgt werden kann. Je nach Wellengang und Wasseroberfläche ist dies nicht immer gut möglich.

Solche Tauchgänge bergen bei nicht idealen Rahmenbedingungen große Risiken:

- Bei zu rauer Wasseroberfläche kann das Boot den Blasen nicht folgen, nur durch das Setzen der Signalboje kann die Tauchgruppe dann vom Boot erkannt werden.
- Eine Gegenströmung unter Wasser verhindert ein Einhalten der vorgesehenen Tauchrichtung und -zeit. Das Boot sucht dann die Tauchgruppe unter Umständen an einer völlig anderen Stelle.
- Wenn mehrere Gruppen gleichzeitig auftauchen, muss der Bootsführer entweder warten, bis alle Gruppen aufgetaucht sind, um nicht andere noch tauchende Gruppen zu gefährden oder es müssen einzelne Gruppen allein gelassen werden, um eine andere Gruppe aufzunehmen.
- Wenn die Gruppen nicht gleichzeitig oder am gleichen Ort auftauchen, ist der Bootsführer gezwungen, eine oder mehrere Gruppen zu verlassen. Sind noch nicht alle Gruppen aufgetaucht, und das Boot nähert sich den Tauchern, können auftauchende Gruppen in die Schraube geraten.
- In beiden Fällen ist es möglich, dass eine Gruppe unbemerkt von der Bootsbesatzung abtreibt und bei Wellengang nicht mehr gesehen wird.
- Beim Auftauchen muss jede Gruppe auf Boote und auf Schraubengeräusche achten.

Das Aufnehmen einer Gruppe ins Boot muss besonders zügig erfolgen, da das Boot währenddessen auskuppeln muss und nicht mehr manövrieren kann, also durch die Strömung ebenfalls abtreibt oder auf Felsen geraten kann. Üblicherweise gehen die einzelnen Taucher schnell hintereinander mit Flossen über die Leiter ins Boot und machen sofort den Platz frei, bevor sie ihre Flossen oder sonstige Ausrüstung ablegen.

Damit die Gruppen vom Boot auch aus größeren Entfernungen besser erkannt werden können, ist das Mitführen und Setzen einer Signalboje unbedingt notwendig.

5. Praxisübungen

Bei dem ersten Tauchgang können mehrere Kursteilnehmer mit dem Ausbilder in einer Gruppe tauchen. Der zweite und dritte Tauchgang muss von dem jeweiligen Kursteilnehmer als Gruppenleiter geführt werden. Die Gruppengröße, Tauchtiefe und Tauchzeit werden der Situation entsprechend vom Ausbilder festgelegt. Die Tauchgänge sollen vorzugsweise vom Boot aus bei Strömungsgeschwindigkeiten von maximal 1 Knoten (ca. 0.5 m/s) durchgeführt werden. Es werden grundsätzlich nur Nullzeittauchgänge durchgeführt.

5.1 Tauchgänge

Vor dem ersten Tauchgang:

- Berechnung des Gezeitenstillstandes, Bestimmung des Tidenhubs und Rückschlüsse auf die Strömungsstärke. Bestimmung der voraussichtlichen Strömungsrichtung anhand der Gezeitentabelle und der Seekarte.
- Bestimmung der Strömung und des Windes vom Boot aus
- Ausbringen der Strömungsleine
- Klarmachen des Beibootes
- Einweisung des Bootsführers in den geplanten Tauchgang
- Bestimmung einer Sicherungsgruppe, falls nicht die Bootsbesatzung die Sicherung und die Bedienung des Beibootes übernimmt

Erster Tauchgang

Der Kursteilnehmer ist Mittaucher, der Ausbilder Gruppenleiter

- Feststellen der Strömung im Wasser beim Schnorcheln zur Ankerleine
- Abtauchen an der Ankerleine
- Tauchgang gegen die Oberflächenströmung beginnen
- In Grundnähe tauchen ohne direkte Grundberührung und Strömungsschatten suchen
- keine großen Strecken tauchen
- Kontrolle der Strömungsrichtung mit dem Kompass (evtl. Unterschied zur Oberflächenströmung)
- Zeitdifferenz für den Hin- und Rückweg berücksichtigen
- Auftauchen an der Ankerleine

Ziel:

Der Kursteilnehmer soll erkennen, wie ein Tauchgang bei Strömung unter Beachtung aller Sicherheitsvorkehrungen durchgeführt wird.

Zweiter Tauchgang

Der Kursteilnehmer ist Gruppenleiter

- Durchführung wie beim ersten Tauchgang
- Nach dem Wiederfinden des Ankers nicht Auftauchen an der Ankerleine, sondern Setzen der Signalboje, Auftauchen im freien Wasser gegen die Strömung unter Einhaltung der Austauchrichtlinien, Einhalten eines ggf. verkürzten Sicherheitsstopps. Während des Stopps wird gegen die Strömung angeschwommen.
- An der Oberfläche OK-Zeichen zum Boot
- Peilen des richtigen Kurses zum Boot unter Berücksichtigung der Strömung
- Wiederabtauchen zum Boot, Auftauchen möglichst vor dem Bug und in geringer Entfernung vom Boot.

Im Anschluss, nachdem alle Gruppen aufgetaucht sind: Jede Gruppe lässt sich in der Nähe des Bootes vom Schlauchboot aufnehmen und zum Boot zurückbringen

Ziel:

Der Kursteilnehmer soll selbst einen Tauchgang bei Strömung planen und führen sowie den Anker wieder finden können. Außerdem soll er einen Aufstieg im freien Wasser unter Beachtung aller Sicherheitsvorkehrungen durchführen können, einen Kurs im freien Wasser bei Strömung tauchen und erfahren, wie man im Notfall in das Schlauchboot aufgenommen wird.

Dritter Tauchgang:

1. Variante:

Nur, falls es wirklich gefahrlos möglich ist (nur bei klarem Wasser, keinem Wellengang, genauer Ortskenntnis der Taucher und mit einem erfahrenen Bootsführer), wird ein Drifttauchgang durchgeführt:

- Kursteilnehmer als Gruppenleiter
- Absprache von Zeit, Richtung und Ausstiegsort für alle Gruppen gemeinsam
- Einweisung des Bootsführers
- Mitführen einer Signalboje
- Alle Gruppen gehen gleichzeitig zügig ins Wasser, rasches Abtauchen erforderlich
- Setzen der Signalboje, Wiederauftauchen nach der vereinbarten Zeit, OK-Zeichen zum Boot
- Wenn alle Gruppen aufgetaucht sind, gehen sie nacheinander zügig an Bord – dort unnötige Staus vermeiden

Ziel:

Der Kursteilnehmer soll einen Tauchgang mit der Strömung und mit Bootsbegleitung unter Beachtung aller Sicherheitsvorkehrungen durchführen können.

2. Variante:

Ist ein Drifttauchgang nicht gefahrlos möglich (z.B. Wellengang, schlechte Sicht, keine geeigneten örtlichen Gegebenheiten), so wird folgender Tauchgang durchgeführt:

- Kursteilnehmer als Gruppenleiter
- Durchführung wie beim ersten Tauchgang
- Wiederfinden des Ankers

- Vor dem Boot im freien Wasser auftauchen, Setzen der Signalboje, OK-Zeichen zum Boot
- Zurückschnorcheln der Gruppe an der Oberfläche zum Boot

Ziel:
Der Kursteilnehmer soll selbst einen Tauchgang bei Strömung führen können und den Anker wieder finden. Außerdem soll er/sie konditionell in der Lage sein, zum Boot zurück zu schnorcheln und dabei die Gruppe zu beobachten und zusammenzuhalten (Zügig – jedoch Tempo anpassen).

6. Ziel erreicht?

Das Ziel des Aufbaukurses Strömungstauchen war, dass du in Theorie und Praxis mit der sicheren Planung, Vorbereitung und Durchführung von Strömungstauchgängen im Meer vertraut gemacht wurdest.

Mit diesem Kurs solltest du die Grundlagen für das richtige Einschätzen und Erkennen von Strömungen sowie die Techniken zum effektiven Tauchen bei Strömung erlernt haben, aber nur durch regelmäßiges Üben und Festigen des Erlernten wirst du selbst mit der gewünschten Sicherheit Strömungstauchgänge durchführen können. Die eigentliche Erfahrung und Routine in den Abläufen erlangst du durch regelmäßiges Tauchen im Meer bei Strömung im Zusammenhang mit den immer wieder unterschiedlichen Gegebenheiten, die das Meer uns vorgibt.

Ob du das Ausbildungsziel dieses Kurses erreicht hast, stellt dein Kursleiter zusammen mit deinen Ausbildern fest. Dies geschieht im theoretischen Teil in Form von Lehrgesprächen und im praktischen Teil durch zielorientierte Beobachtung. Durch das Rotationsprinzip von Teilnehmern und Ausbildern soll eine objektive Beurteilung und eine vielseitige Ausbildung gewährleistet werden.

Für die Lernerfolgskontrolle der theoretischen Inhalte kann eine mündliche oder schriftliche Abfrage erfolgen. Hierzu können die in diesem Buch zusammengestellten Fragen verwendet werden. Dein Kursleiter kann dir dazu entweder im Theorieunterricht einfache mündliche Fragen stellen oder einen kurzen schriftlichen Fragebogen zusammenstellen, um zu erkennen, ob du die vermittelten Themen verstanden hast. Du kannst die hier zusammengestellten Fragen auch zum Selbstcheck nutzen, indem du sie für dich beantwortest und mit der möglichen Lösung vergleichst.

6.1 Selbstcheck

Bei vorgegebenen Antworten können auch mehrere Antworten richtig sein.

1. Warum erfordert das Tauchen bei Strömung eine spezielle Ausbildung?
a Um mit den besser konditionierten Tauchern bei Strömung mithalten zu können.
b Um ein ungewolltes Abtreiben zu verhindern.
c Um einer Fehlorientierung bei Strömung vorzubeugen.
d Um mit Hilfe der Strömungsleine ohne Anstrengung zum Tauchgrund zu gelangen.
e Um kräftesparende Techniken beim Tauchen mit Strömung zu erlernen.

2. Wie entstehen Gezeiten?
a Durch die Anziehungskraft zwischen Erde und Sonne.
b Durch die Anziehungskraft zwischen Erde und Mond.
c Durch die Anziehungskraft zwischen Mond und Sonne.
d Durch die Rotation der Erde.
e Durch Druckschwankungen der Erdatmosphäre.

3. Ordne die Begriffe zu!

Ebbe	Zeitpunkt des höchsten Wasserstandes
Flut	Zeitpunkt des niedrigsten Wasserstandes
Hochwasser	Zeitraum zwischen niedrigstem und nachfolgendem niedrigstem Wasserstand
Niedrigwasser	Zeitraum zwischen niedrigstem und höchstem Wasserstand
Tide	Zeitraum zwischen höchstem und niedrigstem Wasserstand

4. Wann sprechen wir von einer Springtide?

a Wenn der Wellengang so hoch ist, dass die Landbefestigungen überspült werden.
b Wenn der Wellengang so hoch ist, dass die Boote auf und ab gehen.
c Wenn die Flutberge durch gleichgerichtete Anziehungskräfte von Mond und Sonne besonders hoch sind.
d Wenn die Anziehungskräfte von Sonne und Mond in genau unterschiedliche Richtungen wirken.
e Wenn das Wasser zwischen zwei Hochwassern nicht mehr abläuft.

5. Wann sprechen wir von einer Nipptide?

a Wenn der Gezeitenstillstand eingetreten ist.
b Wenn kein Wellengang mehr erkennbar ist.
c Wenn die Anziehungskräfte von Mond und Sonne gleichgerichtet sind.
d Wenn die Anziehungskräfte von Sonne und Mond in genau unterschiedliche Richtungen wirken.
e Wenn das Wasser seinen niedrigsten Stand in einem Monat erreicht.

6. Wodurch können Strömungen entstehen?

a Durch Gezeiten.
b Durch Dauerwind.
c Durch Temperaturunterschiede.
d Durch Unterschiede im Salzgehalt.
e Durch starken Schiffsverkehr.

7. Was gilt für Gezeitentabellen?

a Sie geben Zeiten der täglichen Hoch- und Niedrigwasser an.
b Sie geben die Strömungsstärke an festen Orten an.
c Sie sind für die Zukunft vorausberechenbar.
d Sie enthalten häufig eine Angabe des Tidenhubs.
e Sie sind ortsabhängig.

8. Wie wird die Tauchzeit für einen Tauchgang in einem strömenden Gewässer idealerweise gewählt?

a Zeitraum mit möglichst geringem Tidenhub
b Zeit mit möglichst geringer Strömung

c Es darf nur bei Ebbe getaucht werden.
d Es darf nur bei Niedrigwasser getaucht werden.
e Tauchgang möglichst um den Gezeitenstillstand herum durchführen.

9. Bestimme anhand der Gezeitentabelle den Gezeitenstillstand am Dienstagnachmittag:

Datum	Hochwasser	Niedrigwasser	Hochwasser	Niedrigwasser
So. 19	02.53 ▲ 6,2 m	09.12 ▼ 1,6 m	15.24 ▲ 6,2 m	21.37 ▼ 1,5 m
Mo. 20	03.44 ▲ 6,7 m	10.02 ▼ 1,1 m	16.10 ▲ 6,7 m	22.23 ▼ 1,0 m
Di. 21	04.29 ▲ 7,1 m	10.47 ▼ 0,7 m	16.51 ▲ 7,0 m	23.07 ▼ 0,7 m
Mi. 22	05.10 ▲ 7,4 m	11.29 ▼ 0,6 m	17.30 ▲ 7,2 m	23.48 ▼ 0,6 m

10. Was ist bei der Auswahl des Tauchortes bei einem Tauchgang mit Strömung zu berücksichtigen?

a An einem Tauchplatz mit Strömung kann nicht getaucht werden.
b Es sollte ein Tauchplatz mit möglichst geringer Strömung gewählt werden.
c Es sollten möglichst wenige Felsen oder Riffs vorhanden sein, um die Strömung nicht zu behindern.
d Das Tauchgebiet sollte im Strömungsschatten eines Riffs oder eines Felsens liegen.
e Es sollte ein Ankerplatz gewählt werden, der im Strömungsschatten liegt.

11. Wie kann vor dem Tauchgang eingeschätzt werden, welche Strömung zu erwarten ist?

a vor der Bootsausfahrt anhand von Gezeitentabelle, Überwasserlandschaft und Seekarte
b Auskunft vom Bootsführer
c Die Windrichtung entspricht der Strömungsrichtung.
d Ausrichtung und Treibrichtung des Bootes vor dem Ankern
e Ausrichtung des Bootes nach dem Ankern

12. Wie richtet sich das Boot bei Wind und Strömung aus? Markiere die Bootsausrichtung.

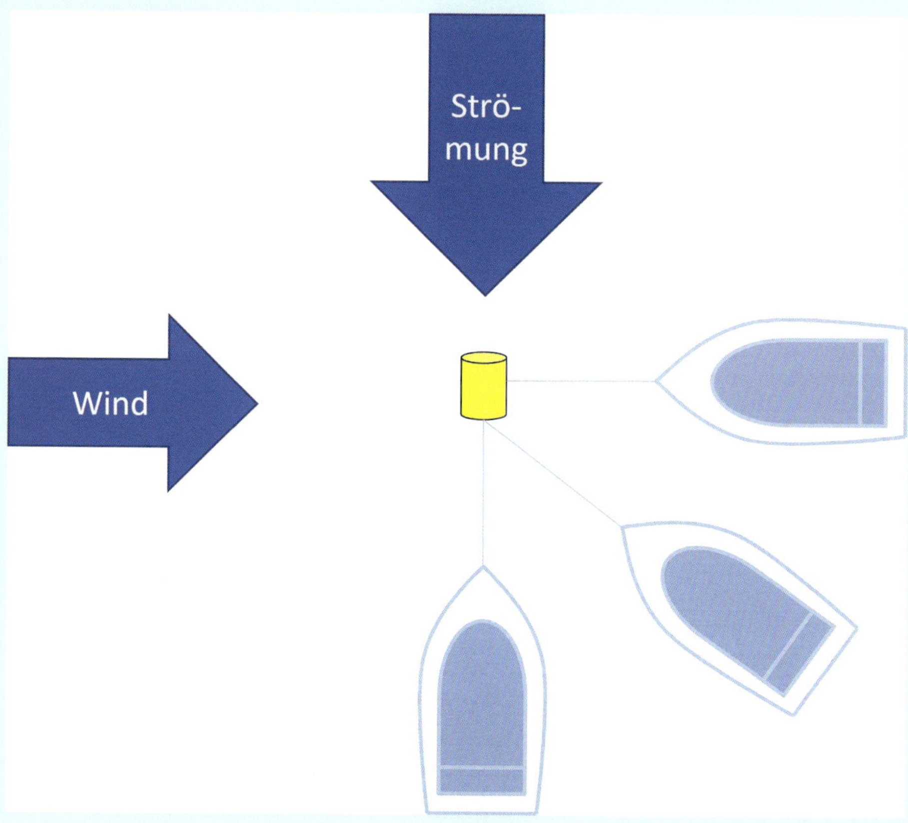

13. Wozu dient die Strömungsleine?

a zum Feststellen der Strömungsstärke
b zum Feststellen der Strömungsrichtung
c zum Festhalten der Taucher bei Strömung
d zum Befestigen von Tauchausrüstung vor dem Ausstieg
e zum Befestigen des Beibootes

14. Wie kann die Strömungsstärke festgestellt werden?

a nur durch die Taucher selbst im Wasser
b anhand der Strömungsleine

c nach dem Ankern durch Beobachtung treibender Gegenstände an der Oberfläche
d durch Beobachtung anderer Taucher im Wasser
e anhand der Ausrichtung des Bootes

15. Informationen zum Tauchgebiet kannst du dir beschaffen
a von anderen Tauchern
b aus der Wettervorhersage
c aus Landkarten
d aus Seekarten
e von der örtlichen Tauchbasis

16. Auf welche Planungen hat eine zu erwartende Strömung Einfluss?
a Wellengang
b Luftverbrauch
c Sichtweite
d Dekompression
e Gruppenzusammensetzung

17. Welche Sicherheitsvorkehrungen werden vor einem Strömungstauchgang getroffen?
Eine __________________ von ca. 100 m Länge mit einer Boje am Ende wird ausgelegt. Zur Sicherheit wird beim Tauchen vom Boot ein ________________ herausgehängt.
Das Boot setzt eine ________________, mit der auch die Windrichtung festgestellt werden kann.
Beim Tauchen von einem größeren Boot mit mehreren Gruppen muss ein motorisiertes ____________ vorhanden und startklar sein.

18. Welche Hinweise werden bei der Einweisung in das Tauchgebiet aufgrund vorhandener Strömung zusätzlich gegeben?
a zum Tauchen empfohlener Kurs
b zu erwartende Flora und Fauna
c zu erwartende Strömungsrichtung
d zu erwartende Strömungsstärke
e zu erwartende Sichtweite

19. Wie verhält sich eine Tauchgruppe, wenn sie bei Strömung das Boot nicht wiederfindet und im freien Wasser auftauchen muss?

Die Gruppe setzt beim Aufstieg eine ___________, falls das Boot nicht in unmittelbarer Nähe ist. Die Gruppe gibt, wenn alles in Ordnung ist, nach dem Auftauchen das Zeichen _____ zum Boot. Ist ein Zurückschnorcheln nicht möglich, so muss die Gruppe vom __________ eingeholt werden.

20. Auf welche Themen ist bei Tauchgängen mit Strömung in der Tauchgangsvorbesprechung besonders einzugehen? Kreuze an:

o Wassertemperatur
o Strömungsrichtung
o Strömungsstärke
o Windrichtung
o Art und Farbe der Ankerleine
o maximale Tauchzeit und Tauchtiefe
o Tauchrichtung für Hinweg entgegen der Oberflächenströmung
o Tauchrichtung für Hinweg entgegen der Grundströmung
o Maßnahmen und Verhalten beim Aufstieg im freien Wasser
o Zeichengabe an der Wasseroberfläche
o Zeichengabe bei besonderen Fischen
o Maßnahmen bei Gefahr des Abtreibens
o Erkennen und Verhalten bei Vereisung
o Erkennen und Verhalten bei einem Essoufflement

21. Was ist zur Orientierung bei Tauchgängen bei Strömung zu beachten?

a Kompassrichtung der Strömung merken
b Strömungsrichtung kann zur Orientierung genutzt werden
c Tauchgang wird in Richtung der Oberflächenströmung begonnen
d Tauchgang wird gegen die Oberflächenströmung begonnen
e Bei Orientierungsverlust mit der Strömung zurücktreiben lassen

22. Zeichne die Richtung ein, in die du tauchst, wenn du bei der vorgegebenen Strömung zu dem Zielobjekt gelangen willst!

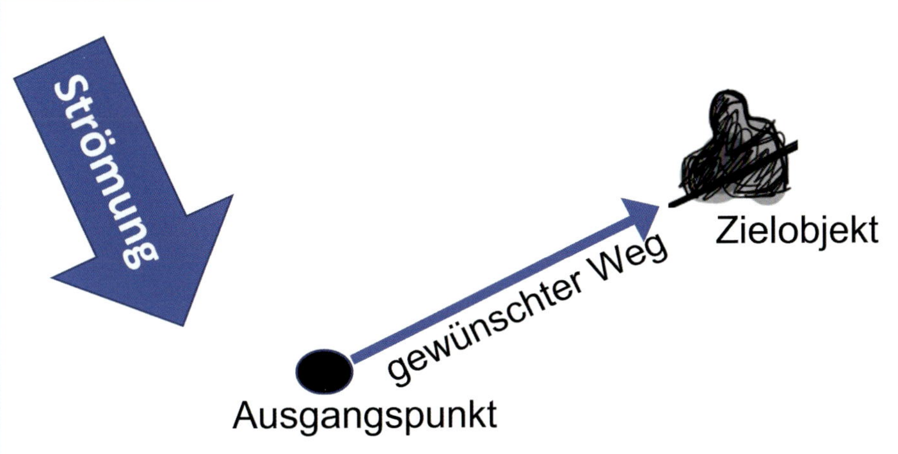

23. Wie solltest du dich beim Tauchgang mit Strömung verhalten?

a nach Sprung ins Wasser zunächst in Ruhe Ausrüstung sortieren und Maske ausspülen

b Abtauchen möglichst im freien Wasser hinter dem Boot, bis Grund sichtbar wird

c möglichst nah am Grund bewegen, dort ist die Strömung am geringsten

d möglichst ein bis zwei Meter über dem Grund tauchen, dort ist die Strömung am geringsten

e von Felsen und Riffs fernhalten, in deren Schatten ist die Strömung besonders stark

24. Wie verhält sich die Tauchgruppe, wenn die Strömung unter Wasser stärker ist als die Oberflächenströmung?

a nur Tauchen mit Ausnutzung von Strömungsschatten, wenn gegen die Strömung angeschwommen werden kann

b Tauchrichtung ändern und mit der Strömung tauchen, um zu große Anstrengung zu vermeiden

c Tauchgang abbrechen, wenn nicht gegen die Strömung angeschwommen werden kann

d Tauchgang immer wie geplant durchführen

e Wenn stärkere Taucher in der Gruppe gegen die Strömung ankommen, versuchen mit diesen mitzuhalten

25. Wie kannst du dich bei einem Tauchgang mit Strömung sicher verhalten, wenn du die Orientierung verloren hast?

Das Auftauchen erfolgt im ______________ gegen die ____________________ unter Beachtung der ____________________ und mit Setzen der ____________________.

26. Wie schnorchelst du mit deiner Tauchgruppe an der Oberfläche zurück zum Tauchboot, wenn dabei Strömung herrscht?

a Ein Zurückschnorcheln ist bei Strömung nicht möglich, ein Rücktransport mit dem Beiboot ist notwendig.

b Effektives Schnorcheln in gestreckter Lage und mit einem Kurs vor dem Tauchboot.

c Gemütliches Schnorcheln ohne Anstrengung mit direktem Kurs auf das Heck des Tauchbootes.

d Ein Zurückschnorcheln ist nur sinnvoll, wenn die Tauchgruppe hinter dem Schiff aufgetaucht ist.

e Wenn die Strömungsgeschwindigkeit größer ist als die Schwimmgeschwindigkeit, so ist ein Schnorcheln gegen die Strömung zwecklos, die Gruppe gibt Signal und wird mit dem Beiboot zurückgeholt.

27. Beim Tauchen mit Strömung können kritische Situationen vermieden werden durch

a richtige Orientierung

b Wiederfinden des Ankers

c richtiges Verhalten beim Auftauchen im Freiwasser

d gute Kondition der Taucher

e Tauchen mit der Strömung und Abholung durch das Beiboot

28. Welche zusätzlichen Regeln sind beim Tauchen von Land bei Strömung zu beachten?

a Tauchgang niemals bei Ebbe durchführen.

b Tauchgang niemals bei Flut durchführen.

c Tauchgang niemals parallel zum Ufer durchführen.

d Vorher eine geeignete Ausstiegsmöglichkeit feststellen.

e An Land das Tauchziel und die voraussichtliche Rückkehrzeit hinterlassen.

29. Welche Risiken können bei Drift-Tauchgängen auftreten?

a Das Boot kann bei zu rauer Wasseroberfläche nicht den Blasen folgen.

b Das Boot kann zu wenig Treibstoff haben.

c Die Strömung unter Wasser ist anders als erwartet und verändert Tauchrichtung und -zeit.

d Die Gruppen tauchen gleichzeitig am gleichen Ort auf.

e Die Gruppen tauchen nicht gleichzeitig oder am gleichen Ort auf.

6.2 Lösungen

1. b, c, e
2. a, b

3.

Ebbe	» Zeitraum zwischen höchstem und niedrigstem Wasserstand
Flut	» Zeitraum zwischen niedrigstem und höchstem Wasserstand
Hochwasser	» Zeitpunkt des höchsten Wasserstandes
Niedrigwasser	» Zeitpunkt des niedrigsten Wasserstandes
Tide	» Zeitraum zwischen niedrigstem und nachfolgendem niedrigstem Wasserstand

4. c
5. d
6. a, b, c, d
7. a, c, d, e
8. a, b, e

9. 16.51 Uhr
10. b, d, e
11. a, b, e

12. Bootsausrichtung:

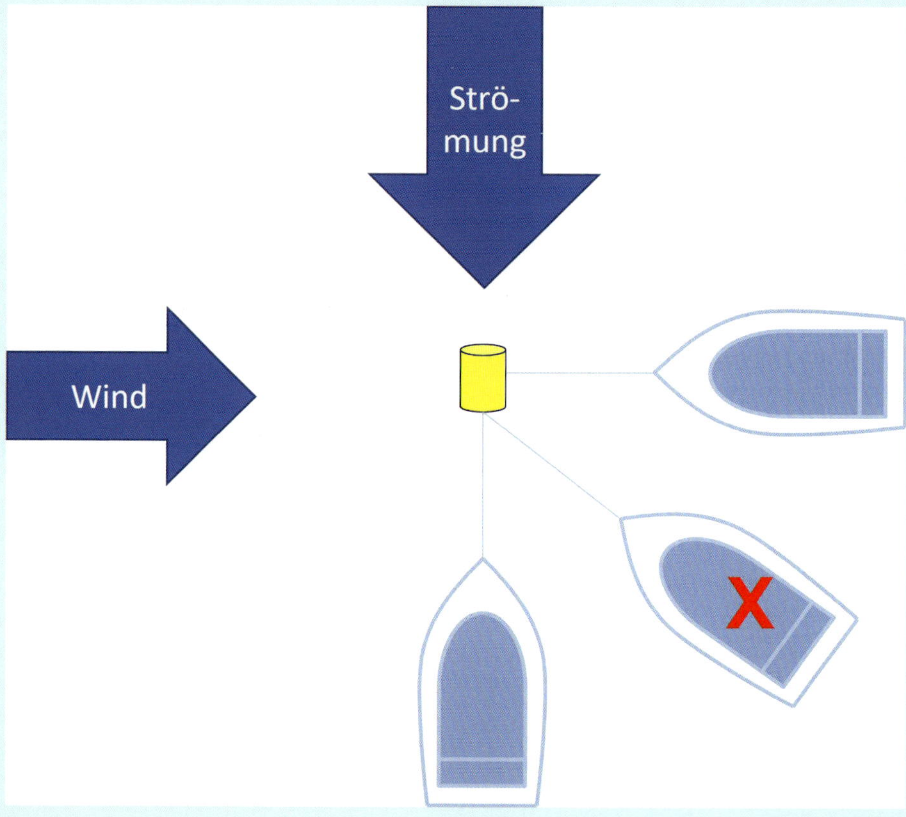

13. c
14. c, d
15. a, d, e
16. b, d, e

17. Eine *Strömungsleine* von ca. 100 m Länge mit einer Boje am Ende wird ausgelegt. Zur Sicherheit wird beim Tauchen vom Boot ein *Reservetauchgerät* herausgehängt.

Das Boot setzt eine *Taucherflagge*, mit der auch die Windrichtung festgestellt werden kann. Beim Tauchen von einem größeren Boot mit mehreren Gruppen muss ein motorisiertes *Beiboot* vorhanden und startklar sein.

18. a, c, d

19. Die Gruppe setzt beim Aufstieg eine *Signalboje*, falls das Boot nicht in unmittelbarer Nähe ist. Die Gruppe gibt, wenn alles in Ordnung ist, nach dem Auftauchen das Zeichen *OK* zum Boot. Ist ein Zurückschnorcheln nicht möglich, so muss die Gruppe vom *Beiboot* eingeholt werden.

20.

o Wassertemperatur
x Strömungsrichtung
x Strömungsstärke
o Windrichtung
o Art und Farbe der Ankerleine
x maximale Tauchzeit und Tauchtiefe
x Tauchrichtung für Hinweg entgegen der Oberflächenströmung
o Tauchrichtung für Hinweg entgegen der Grundströmung
x Maßnahmen und Verhalten beim Aufstieg im freien Wasser
x Zeichengabe an der Wasseroberfläche
o Zeichengabe bei besonderen Fischen
x Maßnahmen bei Gefahr des Abtreibens
o Erkennen und Verhalten bei Vereisung
x Erkennen und Verhalten bei einem Essoufflement

21. a, b, d

22. Tauchrichtung:

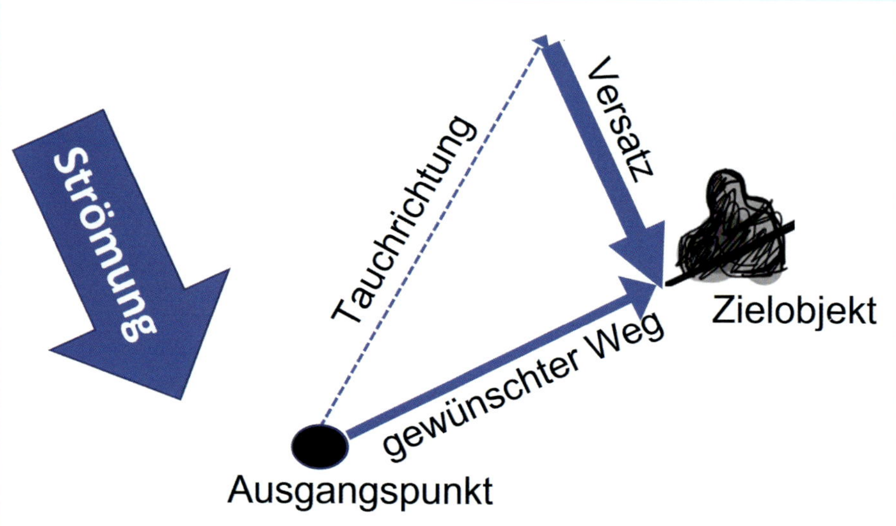

23. c
24. a, c

25. Das Auftauchen erfolgt im *Freiwasser* gegen die *Oberflächenströmung* unter Beachtung der *Austauchregeln* und mit Setzen der *Signalboje*.

26. b, e
27. a, b, c, d
28. a, d, e
29. a, c, e

6.3 Abschluss und Beurkundung

Nach erfolgreicher Teilnahme erhältst du von deinem Ausbilder die Bestätigung.

Nachweis über die erfolgreiche Teilnahme an dem Spezialkurs ist der offizielle VDST Spezial-Einkleber für den Tauchpass und die VDST-CMAS SK-Karte.

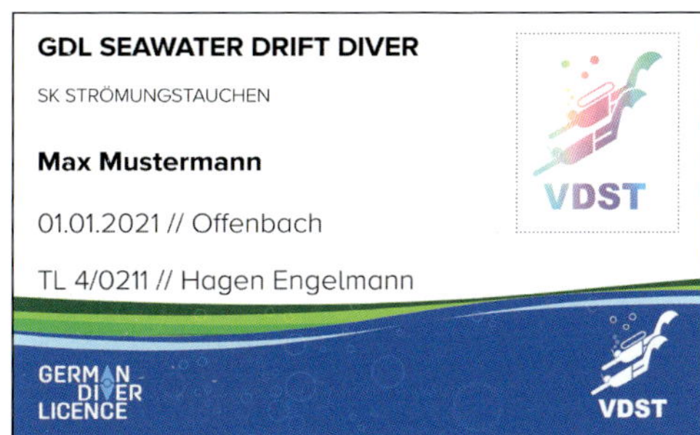

Einkleber GDL Seawater Drift Diver / Spezialkurs Strömungstauchen

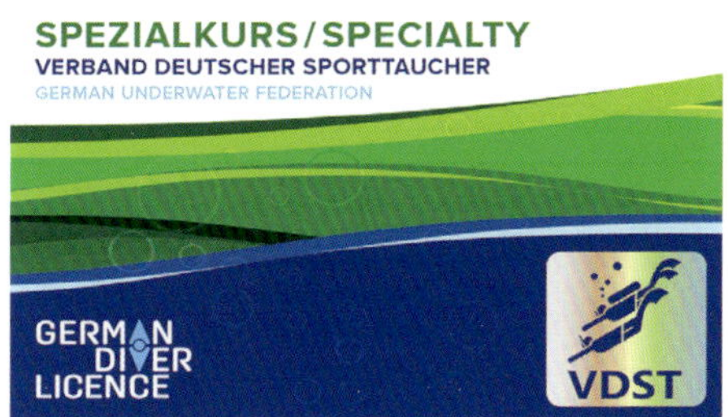

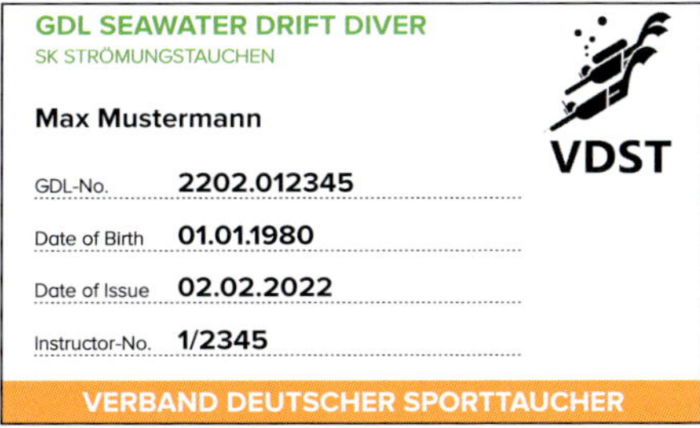

Karte GDL Seawater Drift Diver / Spezialkurs Strömungstauchen

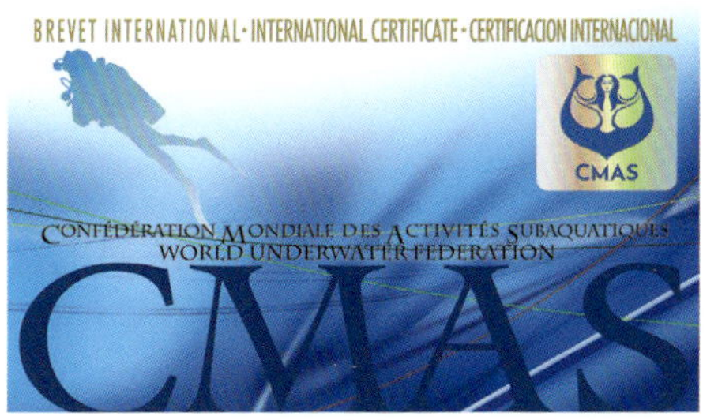

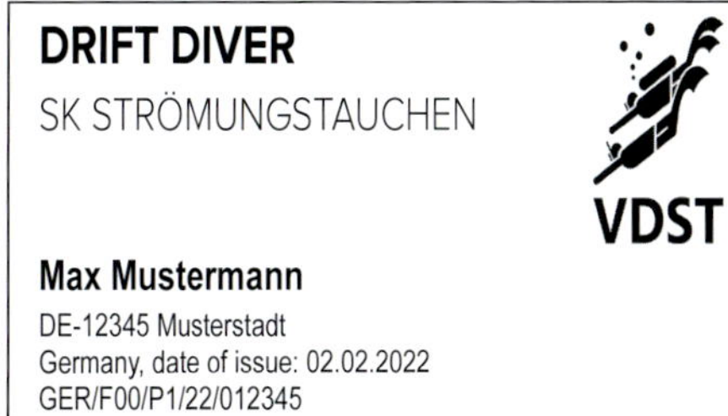

Karte CMAS Drift Diver / Spezialkurs Strömungstauchen

Auszug aus der VDST-Spezialkurs-Ordnung

Stand: 01.01.2023

7 GDL Night Diver / AK Nachttauchen

(beinhaltet CMAS Night Diver)

7.1 Kursziel

Der Bewerber soll in Theorie und Praxis mit der sicheren Planung, Vorbereitung und Durchführung von Nacht-tauchgängen vertraut gemacht werden. Nach Abschluss des Kurses soll er als sicherer Mittaucher einer Gruppe

- die besonderen Probleme und Gefahren bei Nachttauchgängen beherrschen können
- die richtige Ausrüstung für Nachttauchgänge zusammenstellen können
- Orientierungshilfen bei Nacht nutzen können
- sich im Hinblick auf den Umgang mit dem Tauchpartner vor, während und nach dem Tauchgang korrekt verhalten können

7.2 Voraussetzungen

Mindestalter:

14 Jahre; bei Minderjährigen ist die Einverständniserklärung der Personensorgeberechtigten (in der Regel beider Elternteile) erforderlich. Empfehlung: Bei Minderjährigen sollte eine Dokumentation des Aufklärungsgespräches erfolgen

Ausbildungsstufe:

DTSA *; ersatzweise genügt eine vergleichbare Qualifikation entsprechend der VDST-Äquivalenzliste (vgl. VDST DTSA-Ordnung, Kapitel DTSA Crossover)

Anzahl der Pflichttauchgänge:

25

Sonstiges:

- Gültige Tauchsportärztliche Untersuchung (TSU)
- Der Bewerber soll über Kenntnisse in der UW-Navigation verfügen, am besten durch Teilnahme an dem AK Orientierung beim Tauchen.

7.3 Ausbilderqualifikation

Ausbilder:

VDST-Tauchlehrer*/**/***/****

7.4 Theoretischer Teil

Lerneinheiten: 2

Lehrinhalte:

- Auswahl und Bewertung von Nachttauchplätzen
- Tauchgangplanung und -vorbereitung
- Nachttauchausrüstung, insbesondere Lampentechnik (Lichtstärke, Brenndauer, Anzahl, Leuchtstäbe)
- Veränderte Bedingungen bei Nachttauchgängen
- Sicherheitsvorkehrungen (z.B. Markieren der Ausstiegsstelle, UW-Nachtzeichen)
- Notfallplanung
- Hilfsmittel für die UW-Orientierung
- Nachttauchgänge vom Boot aus
- Biologische Besonderheiten bei Nachttauchgängen
- Gewässerschutz

7.5 Praktischer Teil

Anzahl der Tauchgänge: 2

Die Tauchgänge sollen vorzugsweise von Land (in strömungsfreiem Wasser bei maximal 15 Meter Tiefe) aus durchgeführt werden. Der erste Tauchgang soll in sicherem und seichtem Ufergebiet ohne bzw. mit wenig Bewuchs (Pflanzen, Korallen) sowie bei Sonnenuntergang beginnen. Der zweite Tauchgang soll am nächsten Tag bei Dunkelheit beginnen und bereits selbständiges Handeln der Kursteilnehmer beinhalten. Grundsätzlich sollen nur Nullzeittauchgänge durchgeführt werden. Bei den Tauchgängen soll folgendes geübt werden:

- Auswahl des Tauchplatzes, Uferverhältnisse, Ein- und Ausstiegsmöglichkeiten
- Planung von Nachttauchgängen vor Ort

- Sicherheitsvorkehrungen entsprechend der theoretischen Vorbereitung
- Orientieren (Kompass, Gelände, Mond, Lichtsignale)

7.6 Erfolgskontrolle

Der Ausbilder stellt fest, ob der Bewerber das jeweilige Kursziel erreicht hat. Dies geschieht im theoretischen Teil in Form von Lehrgesprächen und im praktischen Teil durch zielorientierte Beobachtung.

7.7 Beurkundung

Nachweis über die Teilnahme an dem Kurs sind ein offizieller Einkleber für den Taucherpass und eine Lizenzkarte.

8 GDL Dry Suit Diver / SK Trockentauchen

(beinhaltet CMAS Drysuit Diver)

8.1 Kursziel

Der Bewerber soll in Theorie und Praxis mit der Bedienungs- und Bewegungstechnik beim Tauchen mit Trockentauchanzügen vertraut gemacht werden. Nach Abschluss des Kurses soll er

- größeres Vertrauen zum Trockentauchen und Kenntnisse über die Besonderheiten besitzen,
- mehr Sicherheit durch korrekte Handhabung und spezielle Übungstechniken erworben haben,
- die Einschätzung des Leistungsvermögens bei Nutzung des eigenen Trockentauchanzuges verbessert haben
- einen anderen Trockentaucher retten können.

8.2 Voraussetzungen

Mindestalter:

14 Jahre; bei Minderjährigen ist die Einverständniserklärung der Personensorgeberechtigten (in der Regel beider Elternteile) erforderlich. Empfehlung: Bei Minderjährigen sollte eine Dokumentation des Aufklärungsgespräches erfolgen

Ausbildungsstufe:
DTSA *; ersatzweise genügt eine vergleichbare Qualifikation entsprechend der VDST-Äquivalenzliste (vgl. VDST DTSA-Ordnung, Kapitel DTSA Crossover)

Anzahl der Pflichttauchgänge:
40

Sonstiges:
• Gültige Tauchsportärztliche Untersuchung (TSU)

8.3 Ausbilderqualifikation

Ausbilder:
VDST-Tauchlehrer**/***/**** die an einem SK Trockentauchen erfolgreich teilgenommen haben.

Sonderregelung:
- VDST-Tauchlehrer **/***/**** die ihre VDST-Tauchlehrer** Lizenz vor dem 01.01.2007 erlangt haben, sind ohne Nachweis SK Trockentauchen abnahmeberechtigt.

8.4 Theoretischer Teil

Lerneinheiten: 2
Lehrinhalte:
- Entwicklung des Trockentauchens
- Wärmedämmeigenschaften und Wärmehaushalt
- Konstruktion und Aufbau der verschiedenen Anzugtypen
- Funktionsweise und Leistungsmerkmale der verschiedenen Bauteile
- Bedienung und Handhabung (praktisch)
- Wartung und Pflege
- Optional: Heizungen

8.5 Praktischer Teil

Anzahl der Tauchgänge: 3

Ausrüstung:
- Trockentauchanzug mit frei zugänglichem Auslassventil und Inflator für den Bewerber
- Trockentauchanzug für den Ausbilder

Die Tauchgänge sollen im Binnensee oder an geschützten Stellen im Meer mit mindestens 3-5 Meter Sichtweite und maximal 25 Meter Tiefe durchgeführt werden. Dem Schüler ist zu vermitteln, dass beim Abtauchen in den Trockentauchanzug nur so viel Gas wie nötig gegeben wird. Die eigentliche Tarierung erfolgt weiterhin über das Jacket. Bei den Tauchgängen soll folgendes geübt werden:
- Aufstieg unter kontrollierter Luftabgabe über das Auslassventil mit simulierter Dekompressionspause
- Abstieg ohne bzw. mit geringer Luftzugabe mit anschließendem Stopp unter Einsatz des Inflators
- Aufstieg mit Flossenschlag ohne Luftzugabe in den Anzug
- Aufstieg über Kopf und Umdrehen während des Aufstieges (Flossen nach unten)
- Simulierte Rettung eines auf dem Rücken liegenden Trockentauchers

8.6 Erfolgskontrolle
Der Ausbilder stellt fest, ob der Bewerber das jeweilige Kursziel erreicht hat. Dies geschieht im theoretischen Teil in Form von Lehrgesprächen und im praktischen Teil durch zielorientierte Beobachtung.
Übungsabschnitte, bei denen der Bewerber Unsicherheiten aufweist, sollen nur dann unmittelbar wiederholt werden, wenn hierdurch kein Risiko für Bewerber und Ausbilder entsteht. Eventuell können zunächst Vorversuche aus geringerer Tiefe durchgeführt werden.

8.7 Beurkundung
Nachweis über die Teilnahme an dem Kurs sind ein offizieller Einkleber für den Taucherpass und eine Lizenzkarte.

9 GDL Seawater Drift Diver / SK Strömungstauchen

(beinhaltet CMAS Drift Diver)

9.1 Kursziel

Der Bewerber soll in Theorie und Praxis mit der sicheren Planung, Vorbereitung und Durchführung von Strömungstauchgängen im Meer vertraut gemacht werden. Nach Abschluss des Kurses soll er

- Kenntnisse über Entstehung und Verlauf von Strömungen besitzen
- Strömungen erkennen und einschätzen können
- Strömungstauchgänge von Land und vom Boot aus planen und durchführen können
- die richtigen Maßnahmen bei plötzlich erschwerten Bedingungen treffen können

9.2 Voraussetzungen

Mindestalter:

14 Jahre; bei Minderjährigen ist die Einverständniserklärung der Personensorgeberechtigten (in der Regel beider Elternteile) erforderlich. Empfehlung: Bei Minderjährigen sollte eine Dokumentation des Aufklärungsgespräches erfolgen

Ausbildungsstufe:

DTSA *; ersatzweise genügt eine vergleichbare Qualifikation entsprechend der VDST-Äquivalenzliste (vgl. VDST DTSA-Ordnung, Kapitel DTSA Crossover)

Anzahl der Pflichttauchgänge:

50

Sonstiges:

- Gültige Tauchsportärztliche Untersuchung (TSU)

9.3 Ausbilderqualifikation

Ausbilder:

VDST-Tauchlehrer**/***/****

9.4 Theoretischer Teil

Lerneinheiten: 2

Lehrinhalte:

- Der Bewerber soll in Theorie und Praxis mit der sicheren Planung, Vorbereitung und Durchführung von Strömungstauchgängen im Meer vertraut gemacht werden.

Nach Abschluss des Kurses soll er

- Kenntnisse über Entstehung und Verlauf von Strömungen besitzen
- Strömungen erkennen und einschätzen können
- Strömungstauchgänge von Land und vom Boot aus planen und durchführen können
- die richtigen Maßnahmen bei plötzlich erschwerten Bedingungen treffen können

9.5 Praktischer Teil

Anzahl der Tauchgänge: 3

Die Tauchgänge sollen vorzugsweise vom Boot aus bei Strömungsgeschwindigkeiten von maximal 1 Knoten durchgeführt werden.

Bei den Tauchgängen soll folgendes geübt werden:

- Feststellen der Strömung vor dem Tauchgang vom Boot aus und im Wasser
- Tauchgänge gegen die Strömung beginnen
- Strömungsschatten suchen
- Strömungsrichtung mit dem Kompass überprüfen
- Zeitdifferenz zwischen dem Tauchen mit und gegen die Strömung erkennen
- Mit der Strömung an der Oberfläche zum Boot treiben lassen
- Vom Schlauchboot an vorher festgelegter Stelle aufnehmen lassen
- Drifttauchgang mit Bootsbegleitung (und Bojeneinsatz)

9.6 Erfolgskontrolle

Der Ausbilder stellt fest, ob der Bewerber das jeweilige Kursziel erreicht hat. Dies geschieht im theoretischen Teil in Form von Lehrgesprächen und im praktischen Teil durch zielorientierte Beobachtung.

9.7 Beurkundung

Nachweis über die Teilnahme an dem Kurs sind ein offizieller Einkleber für den Taucherpass und eine Lizenzkarte.

Nützliche Links

Hier einige nützliche Links mit wichtigen Hintergrundinformationen, die auch in gewissen Abständen aktualisiert werden. Maßgebend sind immer die jeweils neuesten Richtlinien.

Da auch die Internetseiten der Organisationen gegebenenfalls Änderungen unterliegen, kann es sein, dass manche der angegebenen Links danach nicht mehr funktionieren.

Die hier angegebenen Links entsprechen dem Stand zum Zeitpunkt der Drucklegung dieses Buches.

VDST - Verband Deutscher Sporttaucher e.V.
www.vdst.de

VDST Lernplattform Aufbaukurs Nachttauchen (eLearning)
https://e-learning.vdst.de/course/view.php?id=871

VDST-DTSA-Ordnung, VDST-Spezialkurs-Ordnung, VDST-Prüferodnung, Ausführungsempfehlungen
www.vdst.de/ueber-uns/wichtig/mediathek/

Literaturverzeichnis

Kromp, T., H.J. Roggenbach, P. Bredebusch: Praxis des Tauchens, 17. Auflage, Delius Klasing Verlag / Edition Naglschmid, Stuttgart 2019

Verband Deutscher Sporttaucher e.V., Deutsches Tauchsportabzeichen Basic – Deutsches Tauchsportabzeichen* (CMAS*), 3. Auflage, Delius Klasing Verlag / Edition Naglschmid, Stuttgart 2022

Verband Deutscher Sporttaucher e.V., Deutsches Tauchsportabzeichen**/*** (CMAS**/***), 2. Auflage, Delius Klasing Verlag / Edition Naglschmid, Stuttgart 2022

Verband Deutscher Sporttaucher e.V., Aufbaukurs Orientierung beim Tauchen / Aufbaukurs Gruppenführung, 1. Auflage, Delius Klasing Verlag / Edition Naglschmid, Stuttgart 2020

Verband Deutscher Sporttaucher e.V., Aufbaukurse Tauchsicherheit und Rettung / Medizin-Praxis / Herz-Lungen-Wiederbelebung, 1. Auflage, Delius Klasing Verlag / Edition Naglschmid, Stuttgart 2021

Verband Deutscher Sporttaucher e.V., Aufbaukurs Nachttauchen, Ausbildungspräsentation, Offenbach 2023

Verband Deutscher Sporttaucher e.V., Ausführungsempfehlungen zu den VDST-Aufbau- und Spezialkursen im Fachbereich Ausbildung, 5. Auflage, www.vdst.de/ueber-uns/wichtig/mediathek/ Offenbach 2022

Verband Deutscher Sporttaucher e.V., VDST-Spezialkurs-Ordnung, www.vdst.de/ueber-uns/wichtig/mediathek// Offenbach 2023

Register

A
Abschluss 53, 95, 145
Abtreiben 99, 116, 118
Akku 27
Akkutank 28
Ankerleine 99, 113, 118
Anstrengung 110
Anziehen 18
Anziehungskraft 101, 102
Armmanschetten 76
Aufbaukurs 8
Auslassventil 58, 66, 73
Ausrichtung 107
Ausrüstung 18, 24
Ausrüstungscheck 21, 24, 77
Ausrüstungskonfiguration 117

B
Backup-Lampe 25, 26
Beiboot 111, 112, 114, 122, 143
Beleuchtung 21
Beurkundung 53, 95, 145
Blauwasser 116, 118
Blauwasseraufstieg 100
Bleicheck 117
Bleimenge 78
Blitzer 24, 33
Brandung 22
Brechung 33
Brenndauer 27

C
CMAS 8, 10
CMAS Drift Diver 145, 151
CMAS Drysuit Diver 54, 95, 148
crushed Neopren 65

D
Dauerwind 103
Decksbeleuchtung 33
Dekompressionsplanung 110
Dekompressionsstopps 116
Dichteunterschiede 103
Dichtmanschetten 64, 69, 70
Doppelender 117
Drift-Tauchgang 127
Drittelregel 26
DTSA 8

E
Ebbe 100, 101, 104
Ebbe 141
Einkleber 53, 95, 145
Einlassventil 66, 72
Ein- und Ausstieg 20, 22, 34, 74, 75, 112
Engstellen 120
Ersatzlampe 21
EUF 10

F
Fehlorientierung 99
Fertigkeiten 15
Fliehkraft 101
Flossenschlag 117
Fluoreszenz 38
Flut 100, 101, 104, 141

G
GDL 8
GDL Dry Suit Diver 54
GDL Night Diver 12
Gezeit 104
Gezeiten 20, 98, 100, 102, 104, 113, 125
Gezeitenkräfte 101
Gezeitenstillstand 101, 105, 126
Gezeitentabellen 104, 105, 106
Goodman-Handle 26, 28
Gravitation 101
Grundkontakt 114
Gruppenzusammensetzung 110
Gummi 65

H
Halogenleuchten 25
Halsmanschette 76, 78
Heizsystem 82
Heizwesten 82
Helmtauchen 59
Hochwasser 101, 104
Hochwasser 141

J
Jacket 79, 117

K
Kenntnisse 15
Koeffizienten 105
Kompasskurs 115
Konduktion 61
Konstantvolumenanzug 57
Konstantvolumenanzüge 65
Konvektion 57, 61
Kopfhaube 69

L
Lampenwache 22
LED-Leuchten 25
Lernerfolgskontrolle 44, 87, 132
Leuchtdauer 21
Leuchtstäbe 27
Lithium-Ionen-Akkus 26
Luftauslassventil 77
Lufteinlass 72
Lufteinlassventil 77

M
Manschetten 64
Markierungen 33

N
Nachttauchen 8
Nachttauchneuling 20, 35
Neopren 65
Niedrigwasser 101, 104
Niedrigwasser 141
Nipptide 102, 103

O
Oberflächenströmung 105, 114
Orientierung 18, 32, 113

P
Pflege 81
Positionsleuchten 33
Positionslichter 33

R
Reißverschluss 64, 69, 74, 81
Reservelampe 25
Reservetauchgerät 111
Rettung 58
Rettungskette 37
Ringsystem 71
Rock Boots 76
Rundumlicht 25

S
Seekarte 106, 128
Selbstcheck 45, 88, 133
Sicherheit beim Nachttauchen 34
Sicherheitsstandards 34
Sicht 18
Sichtweite 18
Signalboje 24, 112, 114, 117, 122, 128
Spezialkurs Trockentauchen 54, 55
Springtide 102
Straßenlaternen 20
Strömung 99
Strömungsgeschwindigkeit 119
Strömungsleine 108, 110, 111, 118, 128, 142
Strömungsrichtung 110, 113
Strömungsschatten 114, 118, 119
Strömungsstärke 110
Strömungstauchen 8
Strömungswiderstand 117

T
Tauchgangsvorbesprechung 112
Tauchplatz 19
Thermoregulation 63

Tide 103, 104
Tide 141
Tiden 100
Tidenhub 103, 104, 105
Topografie 19, 106
Trilaminat 60, 65
Trimm 117
Trockentauchanzug 57, 64
Trockentauchen 8
Trockentauchhandschuhe 69, 71

U

Uferbeleuchtung 32
Umweltschutz 38
Unterkühlung 63
Unterwasserlampe 25
Unterwasser-Lichtzeichen 21
Unterwasserströmung 105
Unterwassertopografie 18
Unterziehanzug 69

V

VDST 8, 10
VDST-Ausrüstungsstandards 74
VDST-CMAS AK-Karte 53
VDST-CMAS SK-Karte 95, 145
VDST-Spezialkurs-Ordnung 12, 55, 97, 146
Verlust der Orientierung 37, 121
Versatz 100, 115
Voraussetzungen 12, 55, 97

W

Wärme 60
Wärmeabgabe 57, 60, 61
Wärmeleitung 57, 61
Wärmeregulierung 60
Wärmestrahlung 61, 62
Wärmeströmung 61, 62, 63, 89
Wärmeverlust 57
Wartung 81, 149
Wasserwiderstand 117
Windeinflüsse 104, 105
Windrichtung 111

Z

Zeichengebung 29

EINFACH ABTAUCHEN

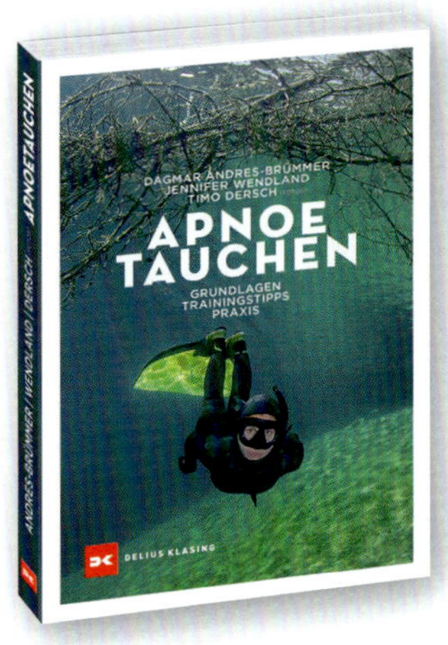

Für alle, die das Freitauchen lernen und nur mit Schnorchel, Flossen und Neoprenanzug in die Unterwasserwelt eintauchen wollen, liefert Dagmar Andres-Brümmer in der 6. vollständig überarbeitete Auflage dieses Standardwerks die ideale Anleitung. Im Fokus steht dabei nicht die Jagd nach neuen Tauchrekorden, sondern die sinnvolle Steigerung der eigenen Fitness und Beweglichkeit im und unter Wasser.

Erstellen Sie Ihren persönlichen Apnoe-Trainingsplan und tauchen Sie ein in das Erlebnis Unterwasserwelt!

Dagmar Andres-Brümmer | Jennifer Wendland | Dersch
Apnoetauchen
ISBN 978-3-667-11988-9

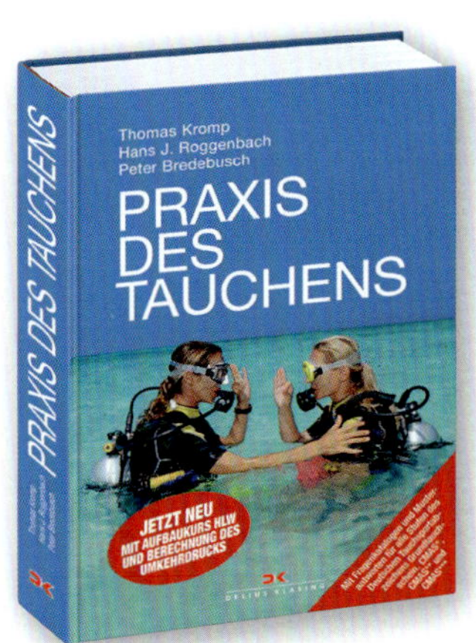

Kromp | Roggenbach | Bredebusch
Praxis des Tauchens
ISBN 978-3-667-11366-5

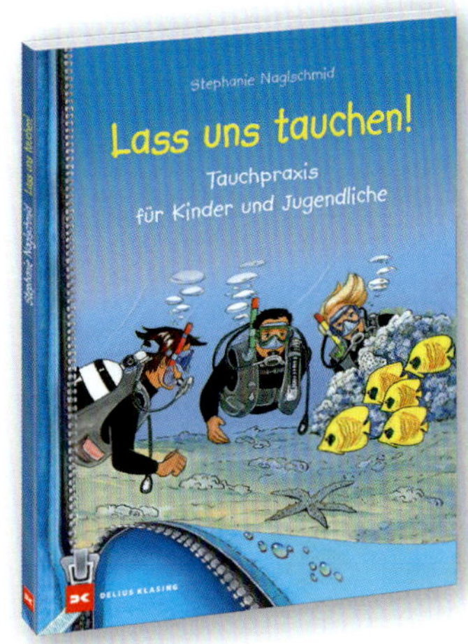

Stephanie Naglschmid
Lass uns tauchen!
ISBN 978-3-667-10959-0

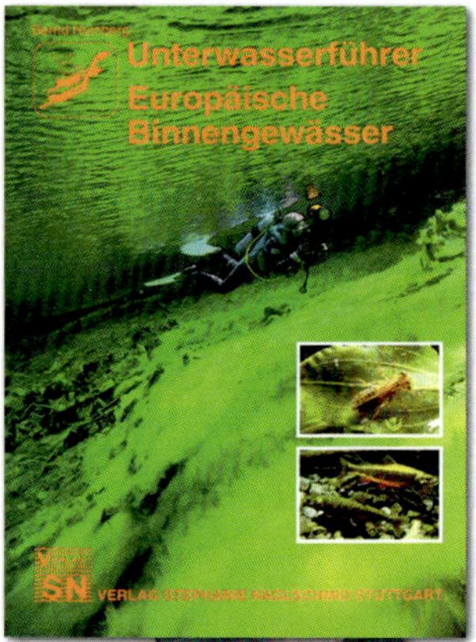

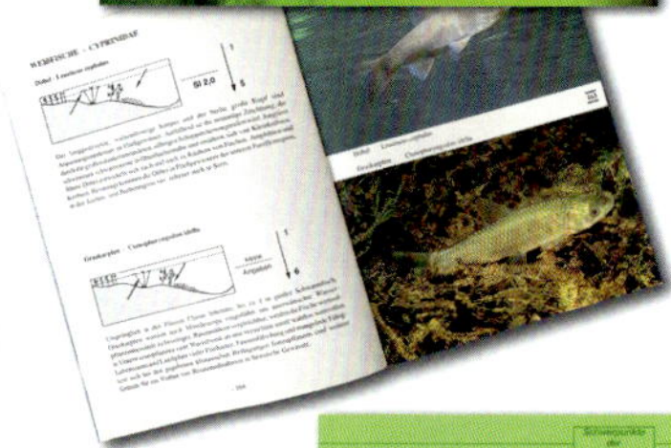

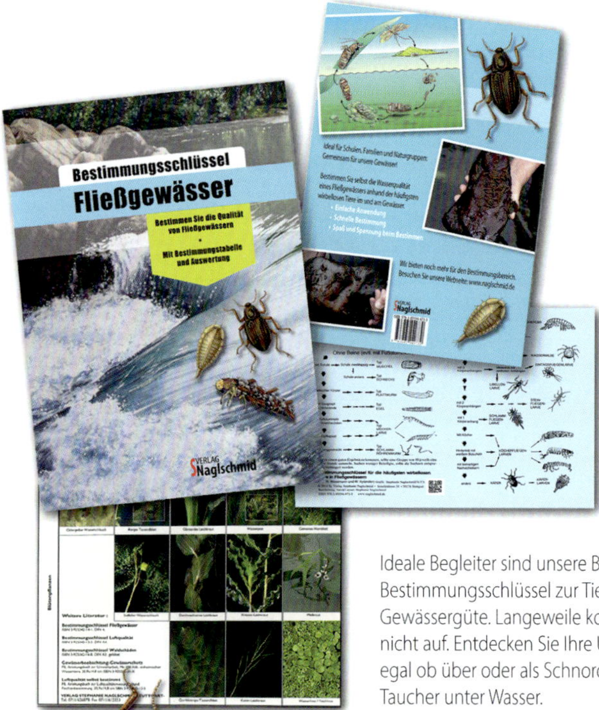

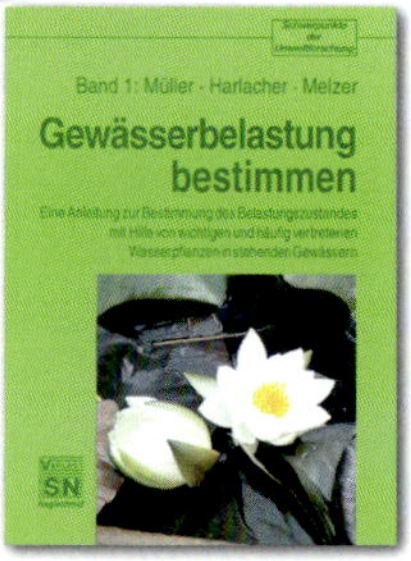

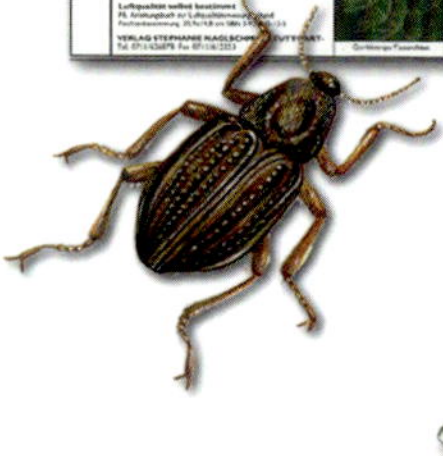

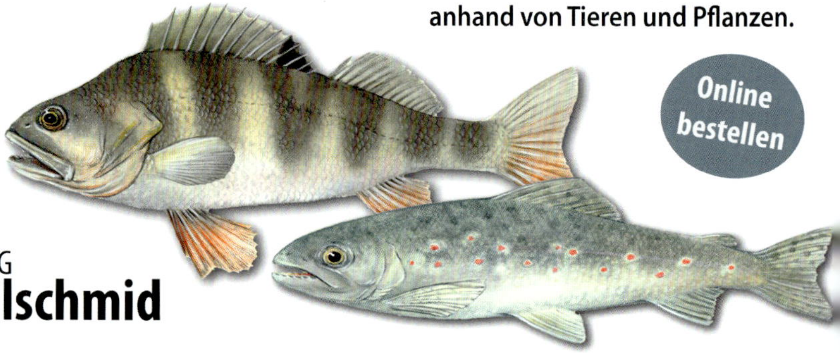